ANCIENT EGYPT Activity book

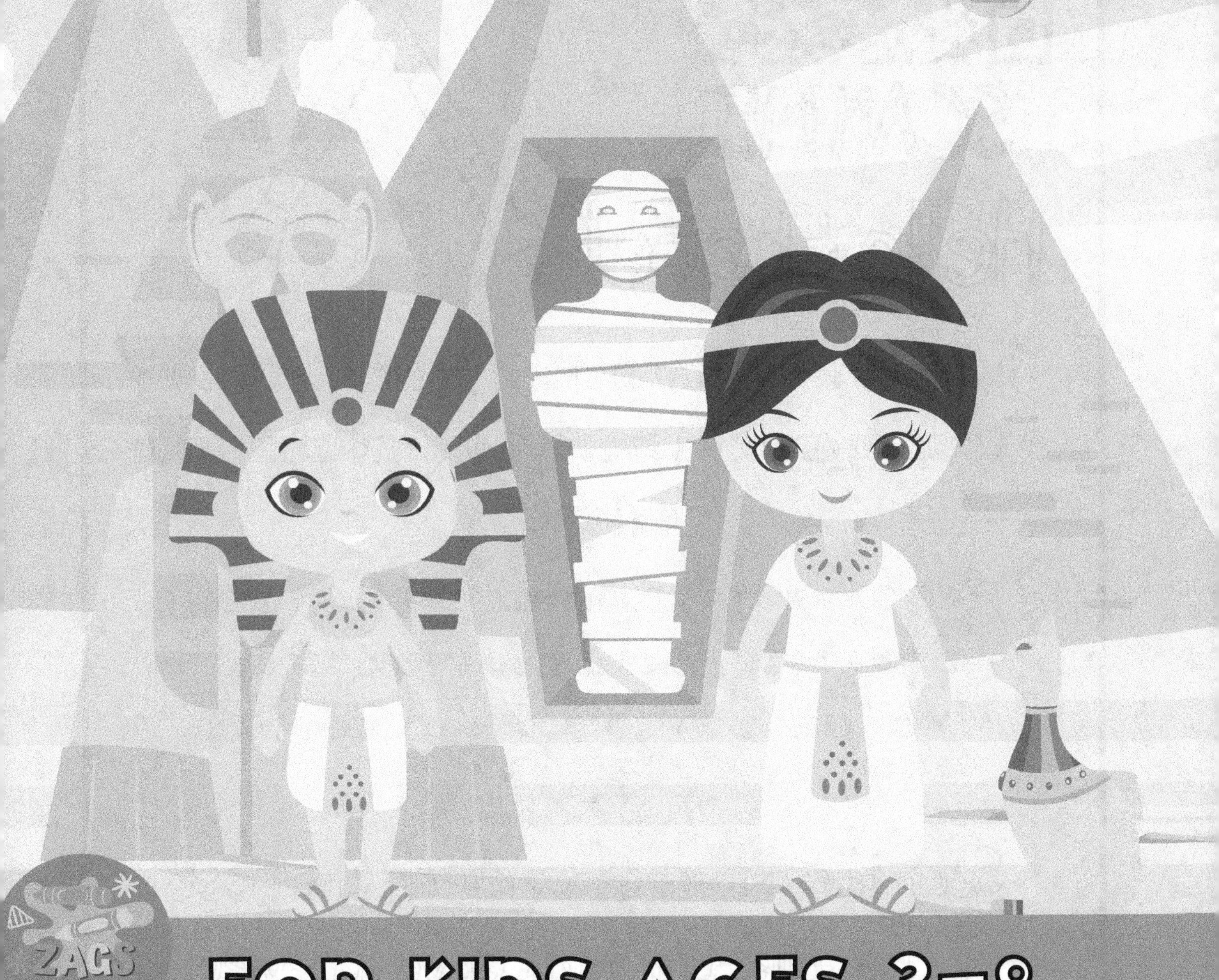

FOR KIDS AGES 3-8

SCAN ME

Hello there!

Thank you for purchasing this Activity book. I am extremely grateful and hope you and your family enjoy it.

Please consider sharing it with friends or family and leaving a review online. Your feedback and support are always appreciated, and allow me to continue doing what I love.

Scan the QR code to check the rest of the collection and Leave a review.

This Book Belongs to

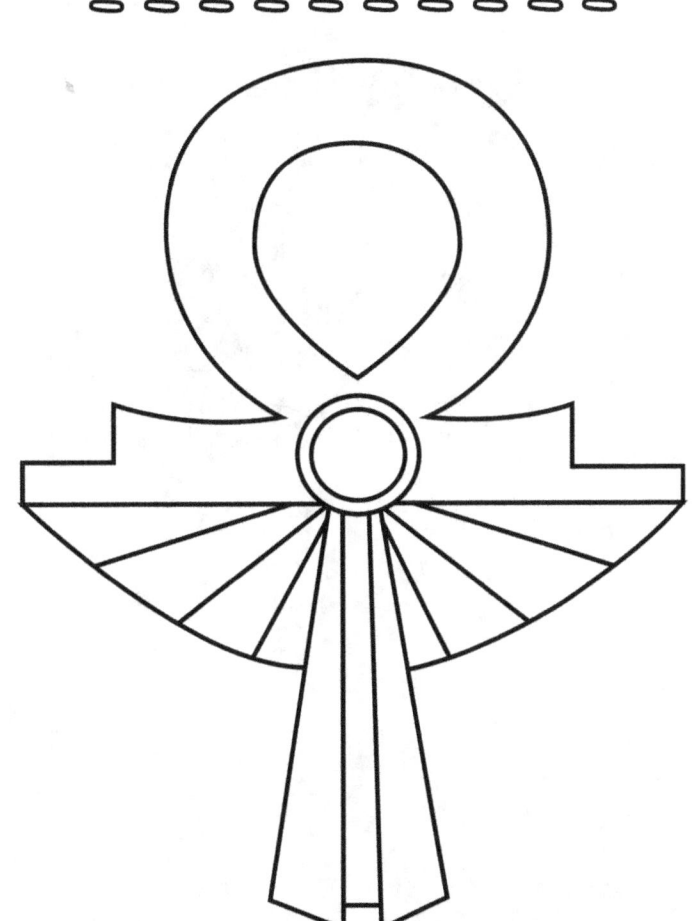

COPYRIGHT©ZAGS PRESS ALL RIGHTS RESERVED.

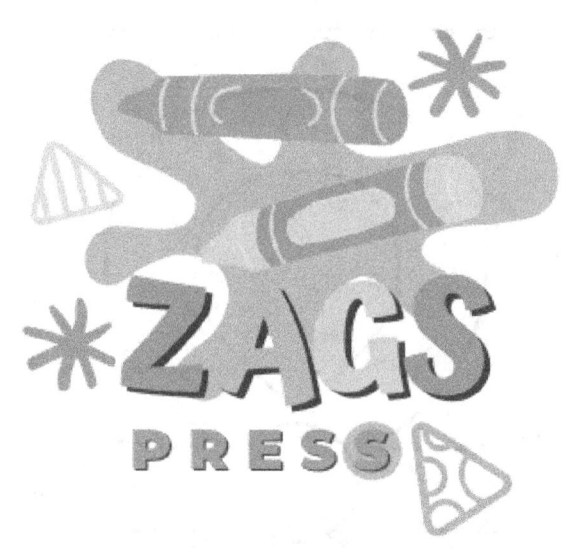

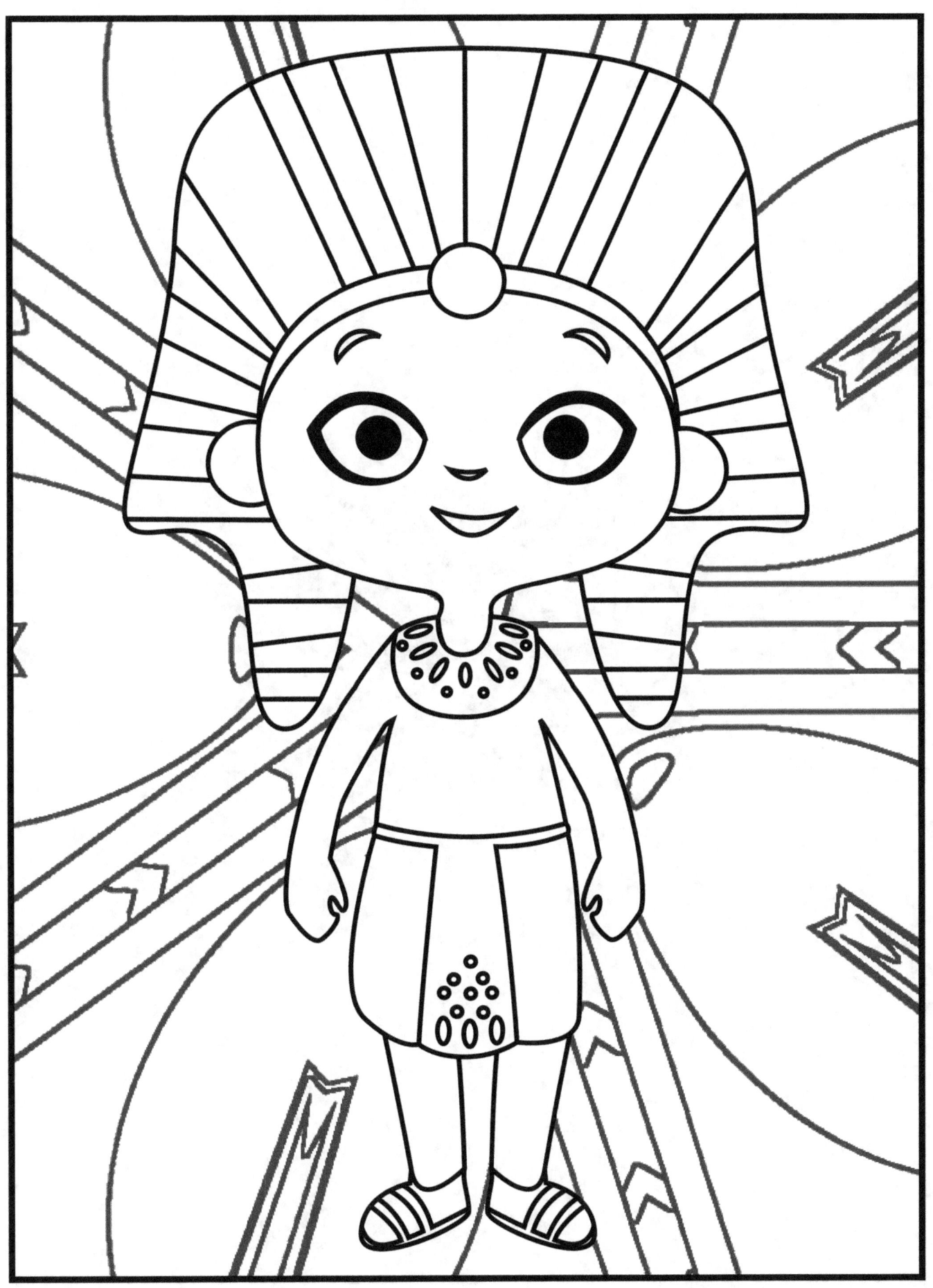

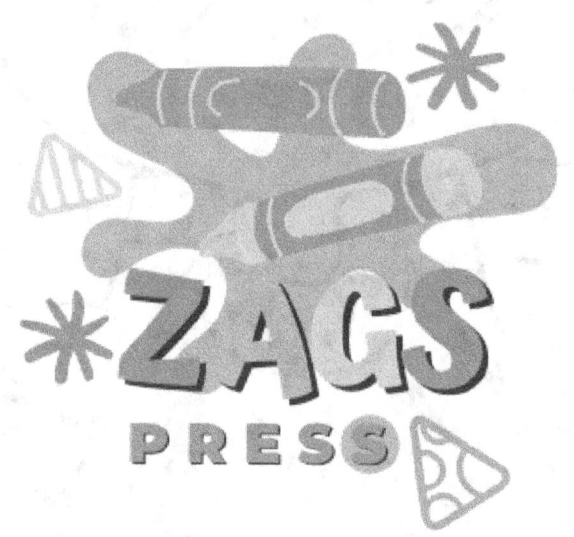

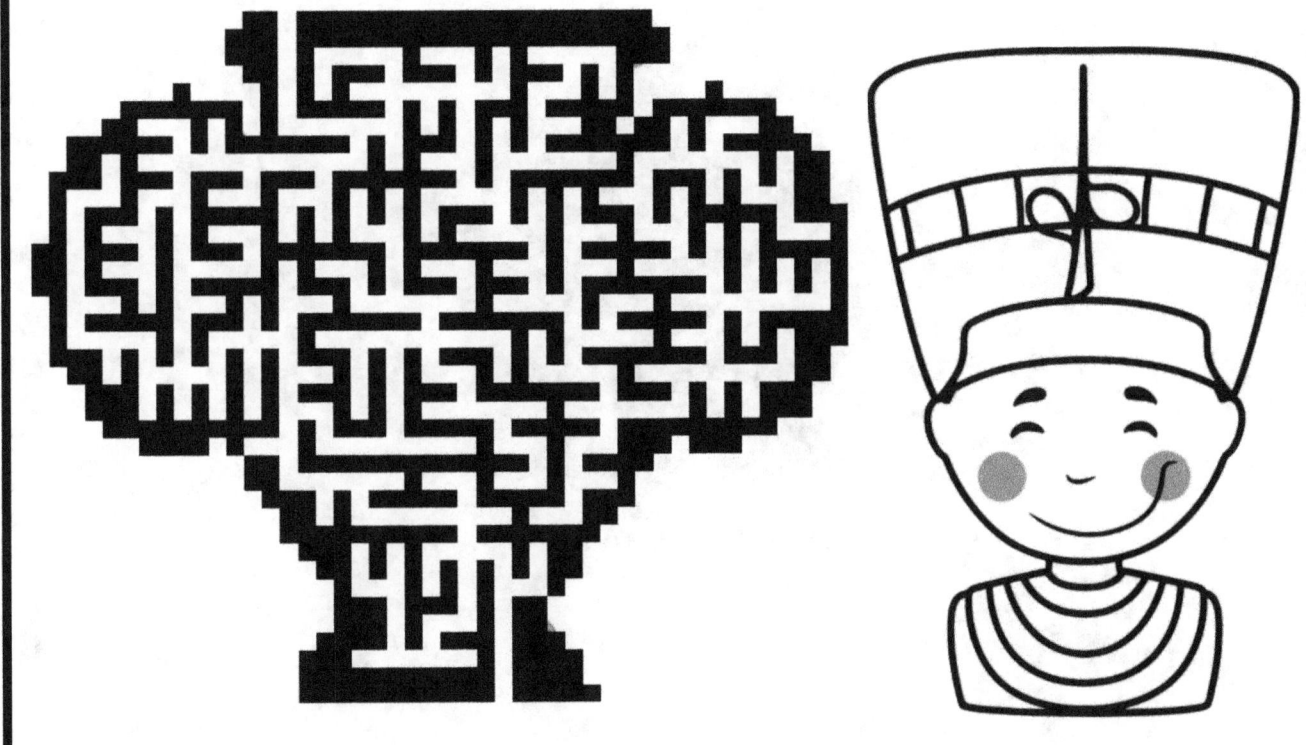

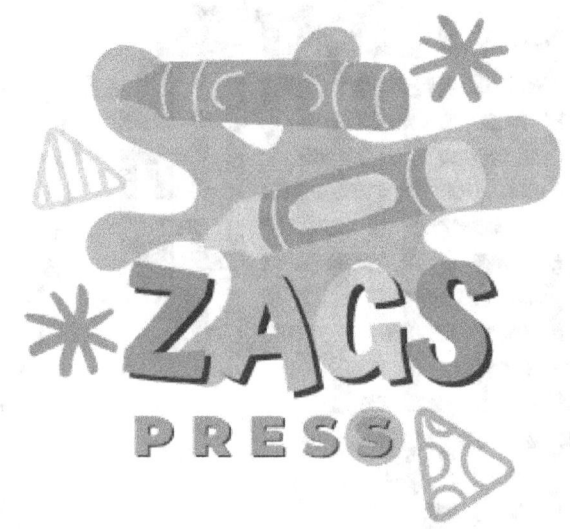

```
B H A W H S T Y C P Y U J N T R
Y R L T G T S B Y Z K J C V Y P
E C D E N I G Y L S G I Y D G W
U G M N K F N T P Y G E I H O B
V S Y L E P H A R A O H I K L X
P U O P O A I H D S I F D R O P
X J B A T A R D W A W X N F T X
V B S G W I G X M I M V W P P K
B V X E A R A O V E L I N J Y T
F B W B T T U N M Z D O Z Q G O
Q B D C C N O O T F B R N N E A
J C T E H B M W Q E F J U E N S
N X W D H D S G L E M B O K Q R
T W Q U A U L I T B I P Q L P O
H N R E Q K S B S A Z F L T W S
Y U X H K K P O W G Z E R E X R
```

EGYPT
NBIA
PHARAOH
EGYPTOLOGY
NILE
EGYPTIAN TEMPLE
OBELISKU

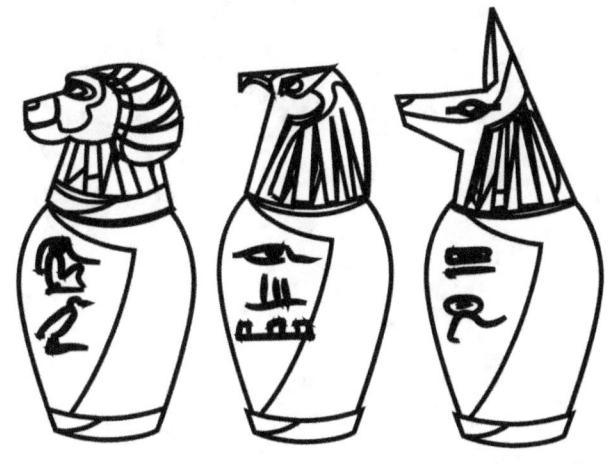

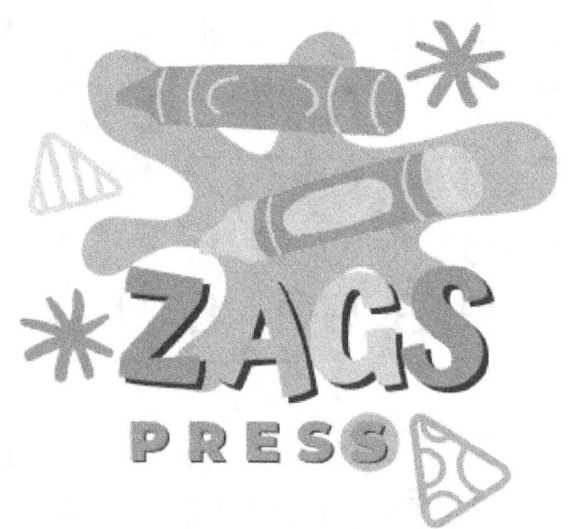

Addition Practice

1) 9 + ☐ = 16
2) 4 + ☐ = 12
3) 9 + ☐ = 16
4) 4 + ☐ = 12
5) 1 + ☐ = 3
6) 2 + ☐ = 7
7) 8 + ☐ = 12
8) 9 + ☐ = 10
9) 7 + ☐ = 15
10) 1 + ☐ = 6
11) 9 + ☐ = 12
12) 6 + ☐ = 8
13) 9 + ☐ = 15
14) 2 + ☐ = 6
15) 8 + ☐ = 9
16) 4 + ☐ = 6
17) 5 + ☐ = 12
18) 2 + ☐ = 8
19) 8 + ☐ = 13
20) 8 + ☐ = 13
21) 1 + ☐ = 2
22) 6 + ☐ = 13
23) 7 + ☐ = 15
24) 1 + ☐ = 2

1) 1 + ☐ = 9
2) 7 + ☐ = 14
3) 8 + ☐ = 17
4) 8 + ☐ = 13
5) 1 + ☐ = 10
6) 5 + ☐ = 14
7) 1 + ☐ = 6
8) 1 + ☐ = 10
9) 2 + ☐ = 5
10) 5 + ☐ = 6
11) 7 + ☐ = 14
12) 1 + ☐ = 2
13) 6 + ☐ = 10
14) 3 + ☐ = 8
15) 2 + ☐ = 9
16) 2 + ☐ = 7
17) 2 + ☐ = 4
18) 5 + ☐ = 6
19) 5 + ☐ = 11
20) 9 + ☐ = 18
21) 8 + ☐ = 10
22) 5 + ☐ = 8
23) 7 + ☐ = 11
24) 9 + ☐ = 12

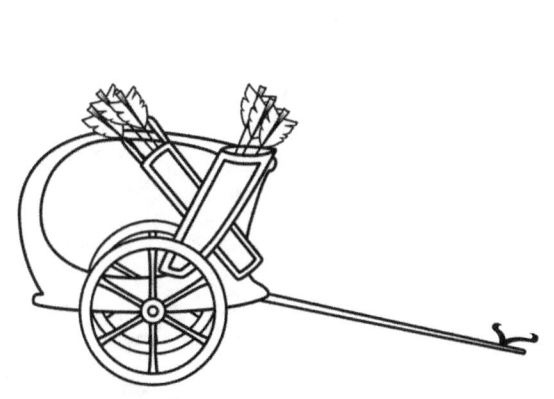
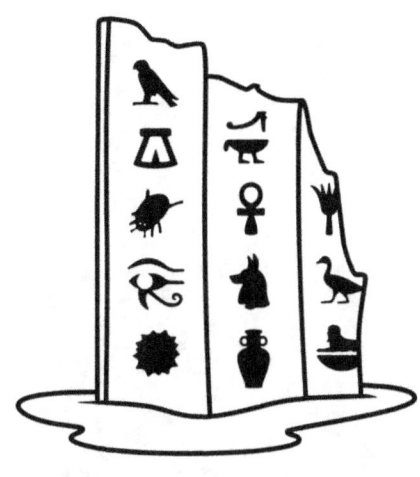

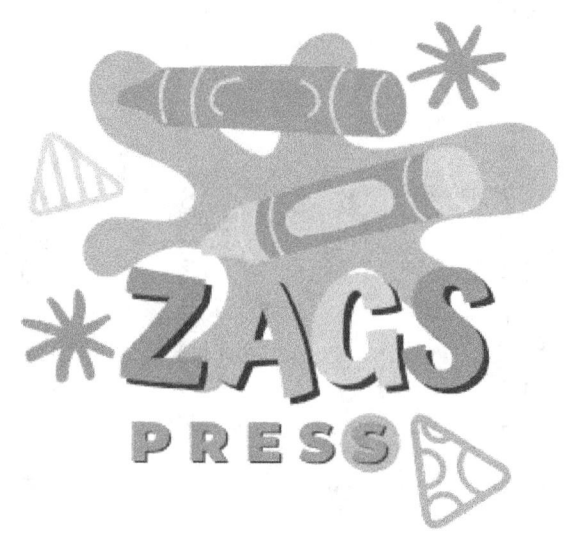

Finish the Image, then Color

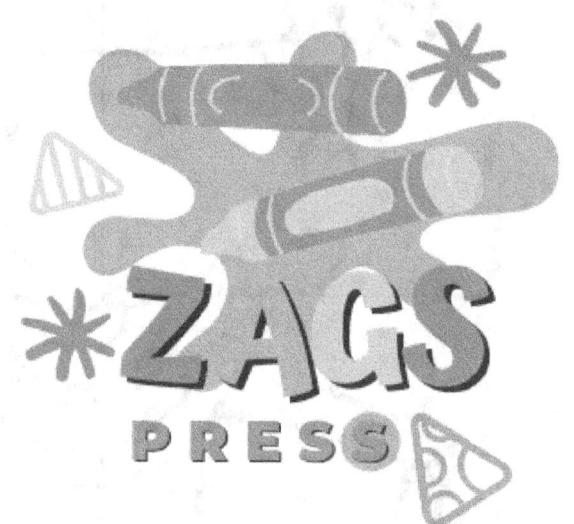

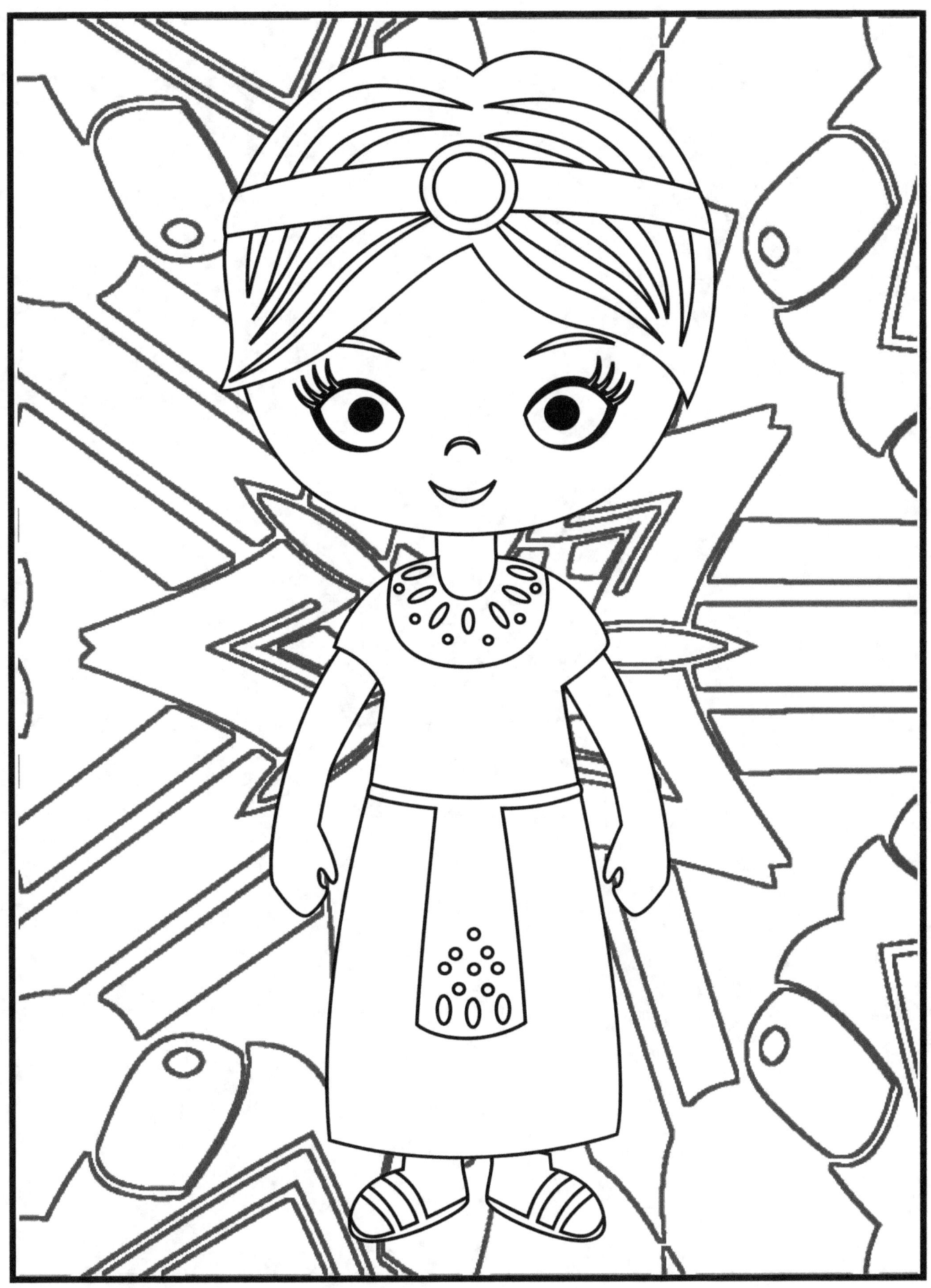

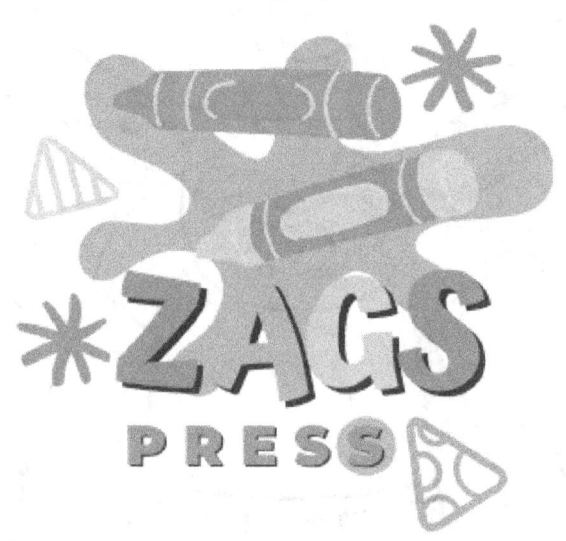

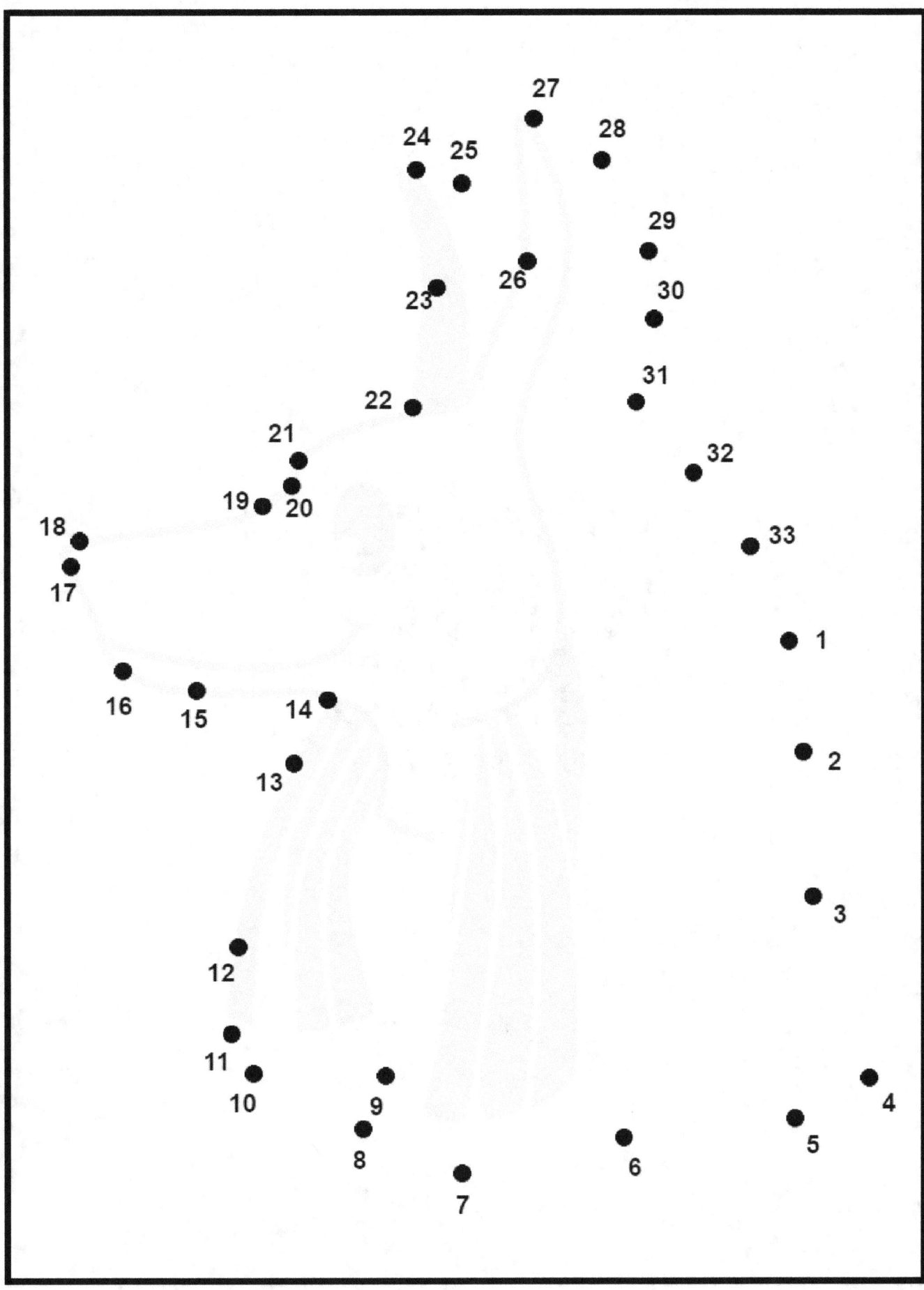

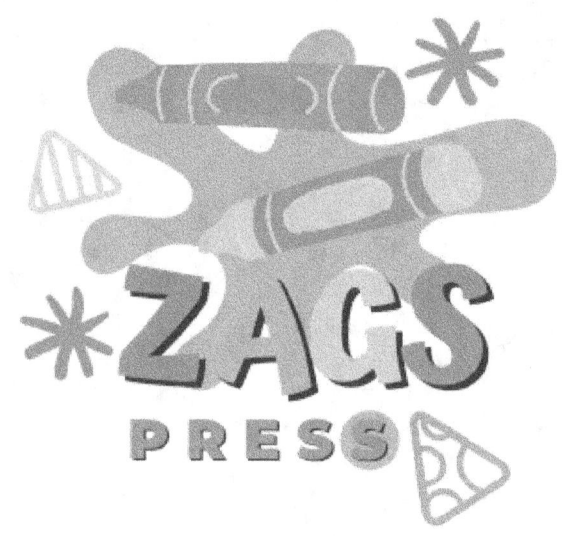

Subtraction Practice

1) 2 + ☐ = 8
2) 3 + ☐ = 12
3) 9 + ☐ = 16
4) 6 + ☐ = 8
5) 4 + ☐ = 9
6) 7 + ☐ = 10
7) 5 + ☐ = 14
8) 8 + ☐ = 9
9) 8 + ☐ = 16
10) 1 + ☐ = 2
11) 9 + ☐ = 12
12) 8 + ☐ = 17
13) 2 + ☐ = 9
14) 3 + ☐ = 11
15) 6 + ☐ = 13
16) 9 + ☐ = 14
17) 4 + ☐ = 7
18) 1 + ☐ = 9
19) 8 + ☐ = 16
20) 5 + ☐ = 12
21) 3 + ☐ = 6
22) 6 + ☐ = 9
23) 1 + ☐ = 7
24) 9 + ☐ = 15

1) 4 + ☐ = 6
2) 1 + ☐ = 9
3) 5 + ☐ = 10
4) 7 + ☐ = 12
5) 5 + ☐ = 12
6) 1 + ☐ = 6
7) 2 + ☐ = 5
8) 8 + ☐ = 15
9) 5 + ☐ = 8
10) 4 + ☐ = 10
11) 2 + ☐ = 7
12) 1 + ☐ = 10
13) 1 + ☐ = 7
14) 8 + ☐ = 11
15) 3 + ☐ = 11
16) 5 + ☐ = 14
17) 1 + ☐ = 2
18) 9 + ☐ = 12
19) 9 + ☐ = 10
20) 3 + ☐ = 7
21) 6 + ☐ = 11
22) 5 + ☐ = 6
23) 8 + ☐ = 14
24) 7 + ☐ = 16

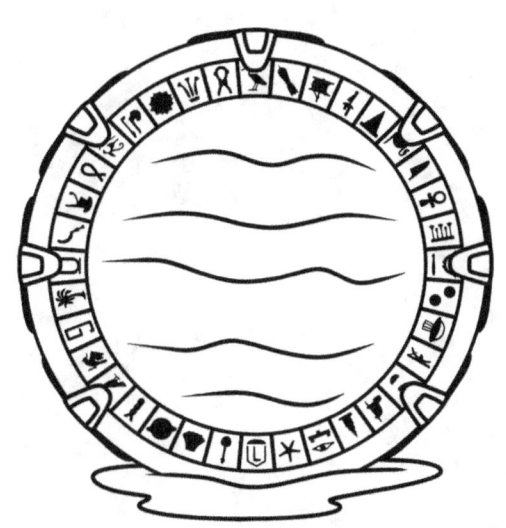
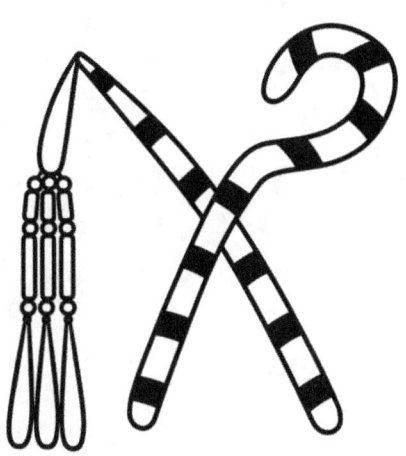

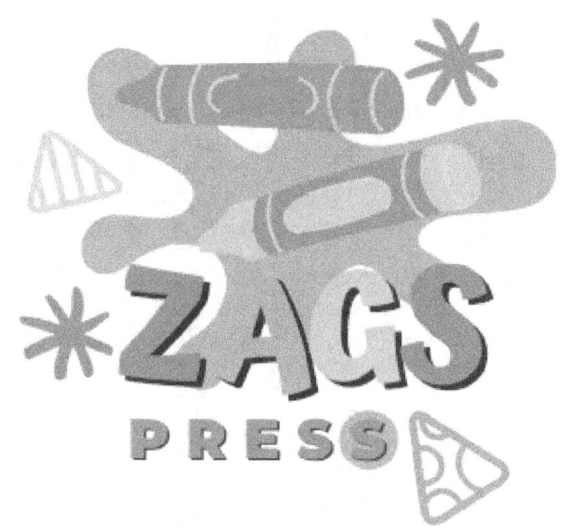

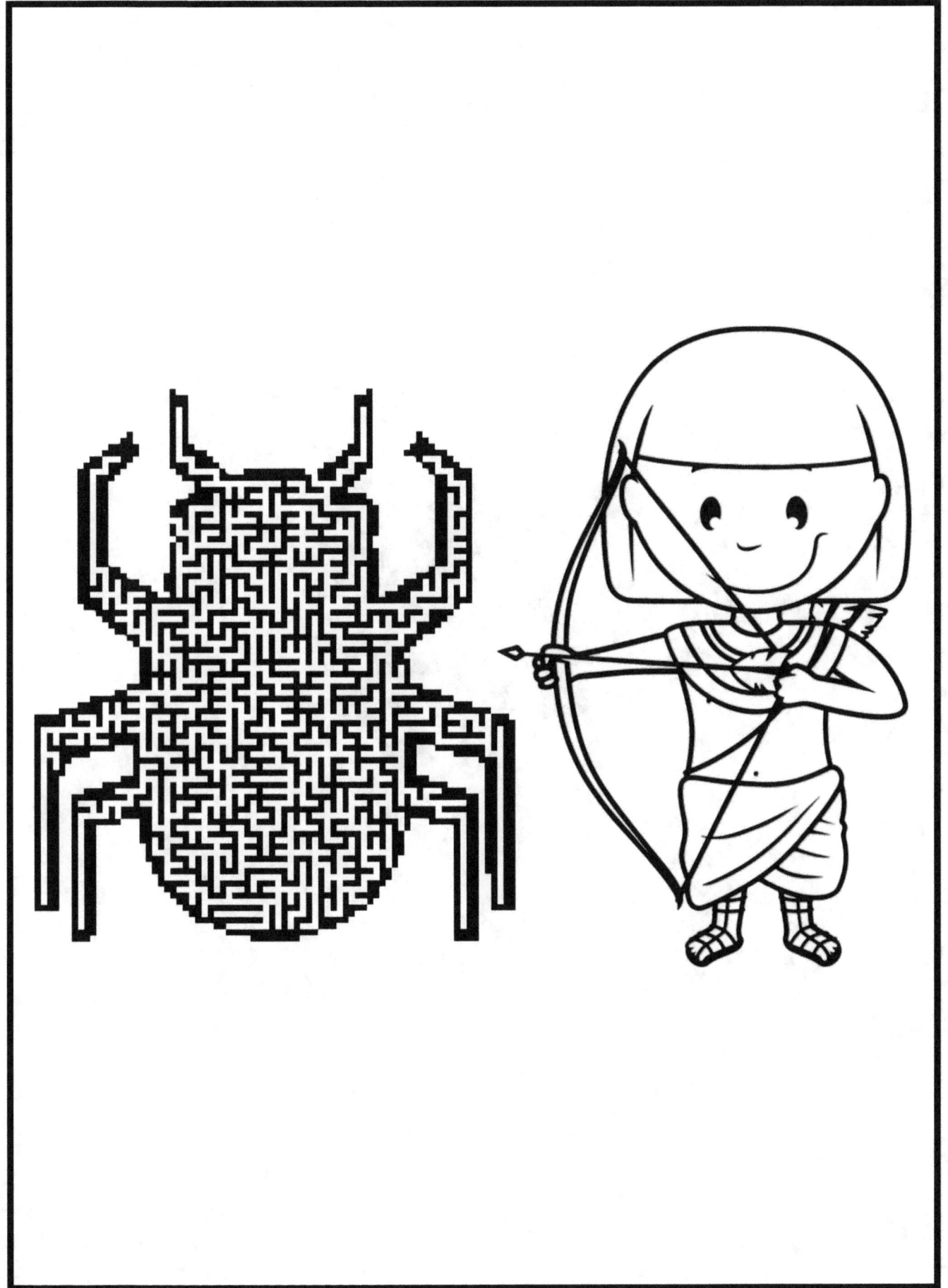

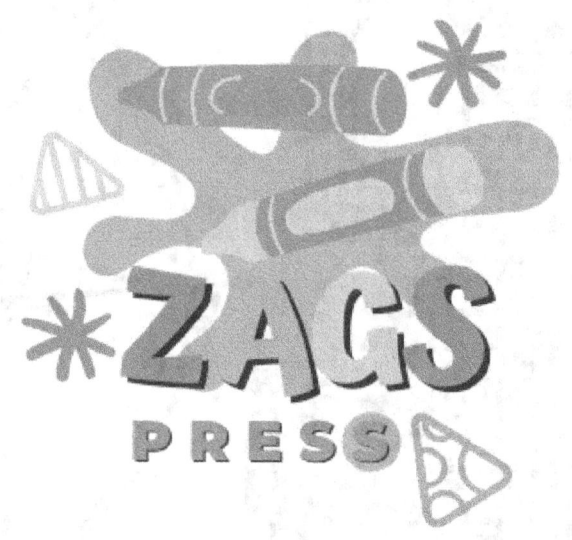

```
C P B Y E K R M T I Z M Y C Y W
L W U N K X S Y U Y V O X N B
E P I M K H E G P Q B Z U O W R
O J S G L B R X I O Q R W G U G
P F W P T Y A K V L W M D K Y C
A S S A U Y P U I M I F W X A D
T M M I T S I A J X C D T Q I B
R Y J R D V S Y P U U K O A L Z
A E L D U H W L D E C I U O C S
N X R N N Y H N Q F A A B Y H
C A D A R I H J H E H I P A J P
B O A X N O I T A Z I L I V I C
J D T E W J Y E G Y P T I A N S
L J I L H I E R O G L Y P H I C
D D V A G W M U M M Y F U W Y G
N K C C O V N X Y V J P V E F O
```

SERAPIS
ALEXANDRIA
CIVILIZATION
MUMMY
CLEOPATRA
EGYPTIANS
HIEROGLYPHIC

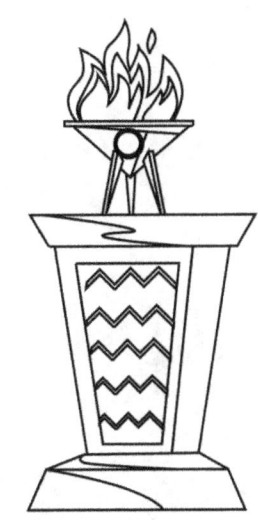

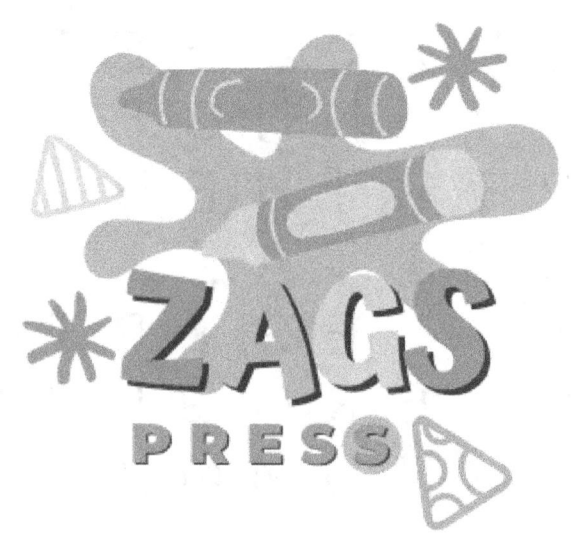

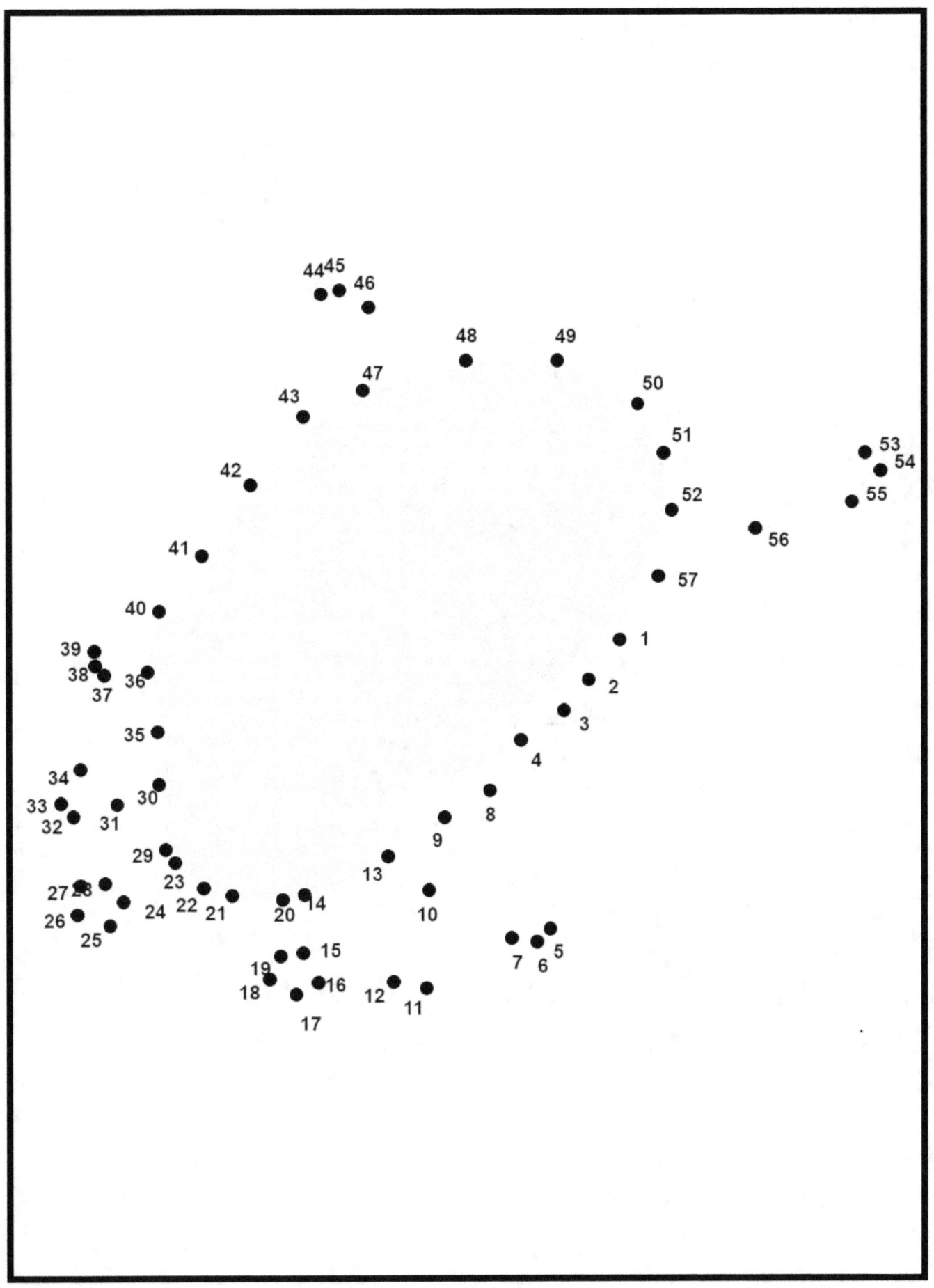

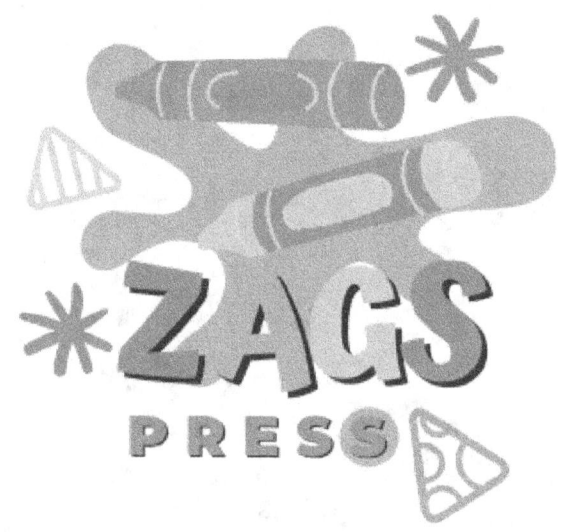

Addition Practice

1) 7 - ☐ = 3
2) 5 - ☐ = 1
3) 5 - ☐ = 1
4) 2 - ☐ = 0
5) 5 - ☐ = 3
6) 9 - ☐ = 3
7) 4 - ☐ = 1
8) 9 - ☐ = 1
9) 9 - ☐ = 2
10) 1 - ☐ = 0
11) 8 - ☐ = 5
12) 8 - ☐ = 0
13) 8 - ☐ = 6
14) 6 - ☐ = 0
15) 7 - ☐ = 1
16) 4 - ☐ = 3
17) 9 - ☐ = 8
18) 7 - ☐ = 0
19) 3 - ☐ = 0
20) 9 - ☐ = 6
21) 8 - ☐ = 6
22) 9 - ☐ = 4
23) 7 - ☐ = 2
24) 4 - ☐ = 2

1) 7 - ☐ = 0
2) 7 - ☐ = 0
3) 9 - ☐ = 6
4) 9 - ☐ = 1
5) 2 - ☐ = 0
6) 6 - ☐ = 0
7) 5 - ☐ = 3
8) 3 - ☐ = 0
9) 7 - ☐ = 3
10) 8 - ☐ = 3
11) 9 - ☐ = 1
12) 4 - ☐ = 0
13) 6 - ☐ = 1
14) 5 - ☐ = 2
15) 4 - ☐ = 0
16) 4 - ☐ = 2
17) 4 - ☐ = 2
18) 5 - ☐ = 1
19) 2 - ☐ = 1
20) 8 - ☐ = 3
21) 9 - ☐ = 2
22) 9 - ☐ = 0
23) 6 - ☐ = 1
24) 7 - ☐ = 5

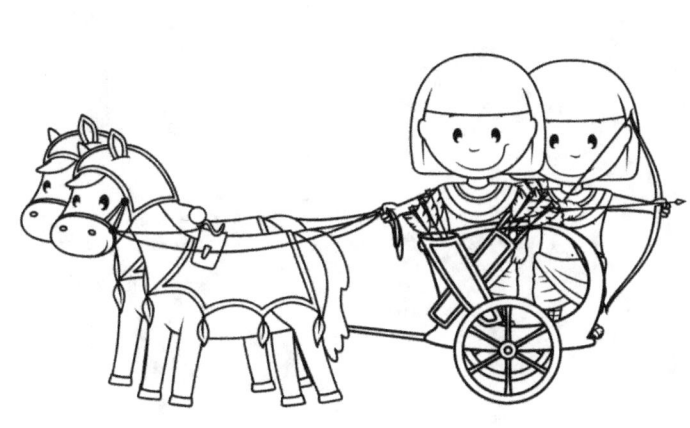
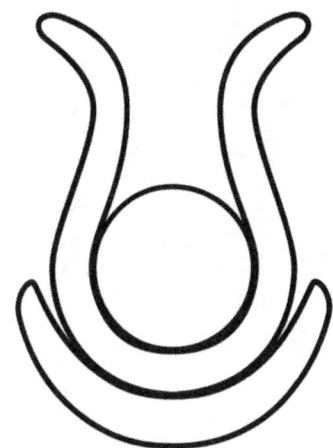

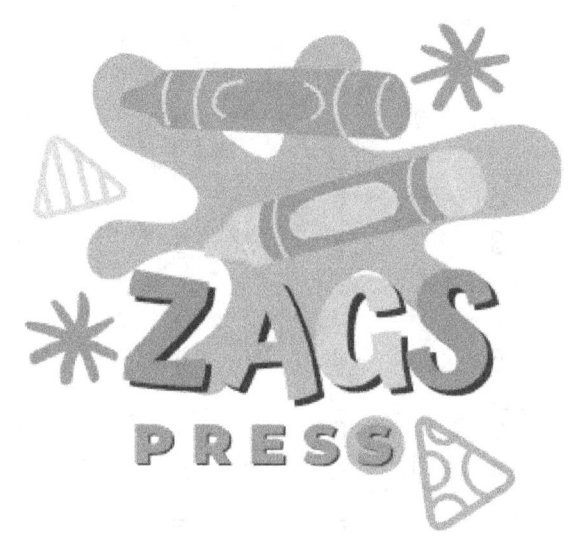

Which image is the odd one out?

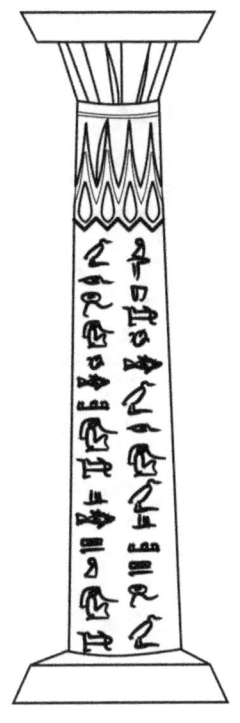 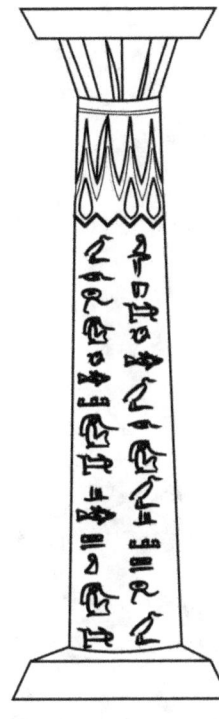 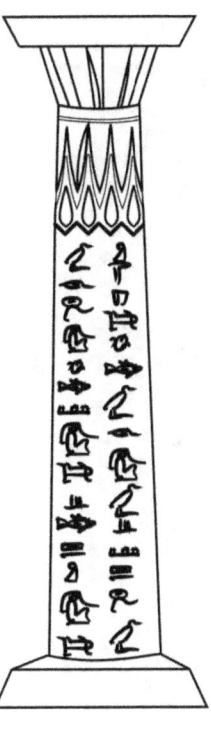

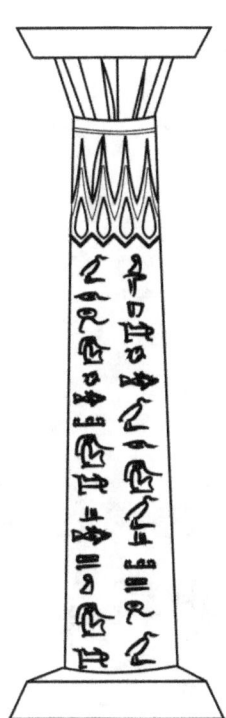 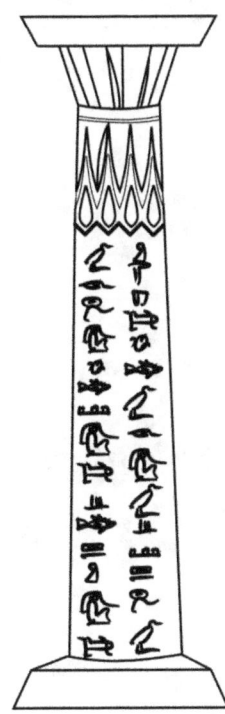 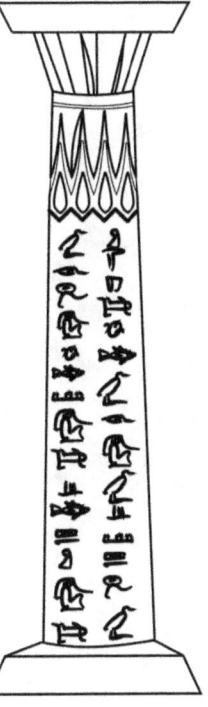

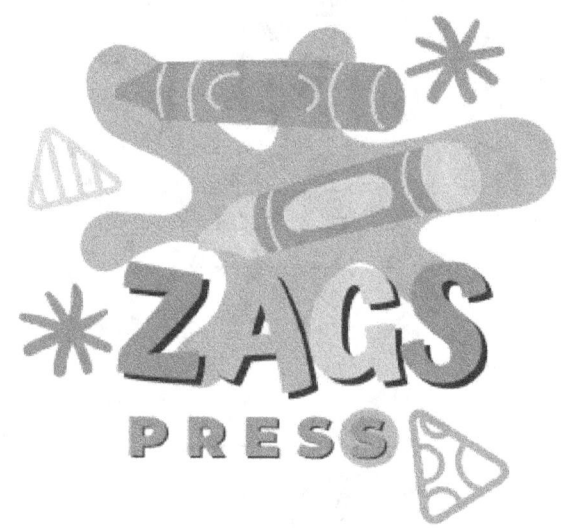

ISPY

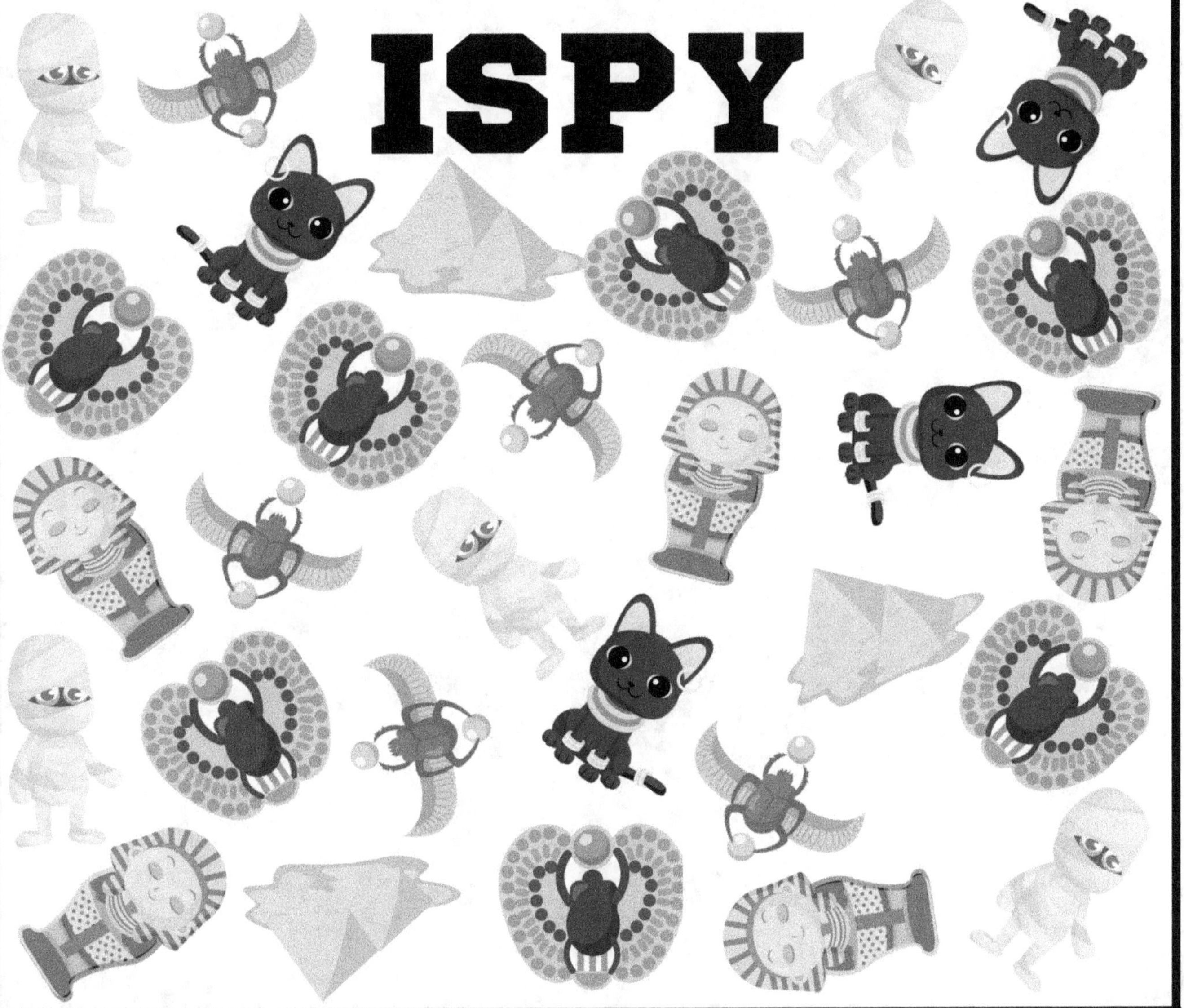

How many do you see?

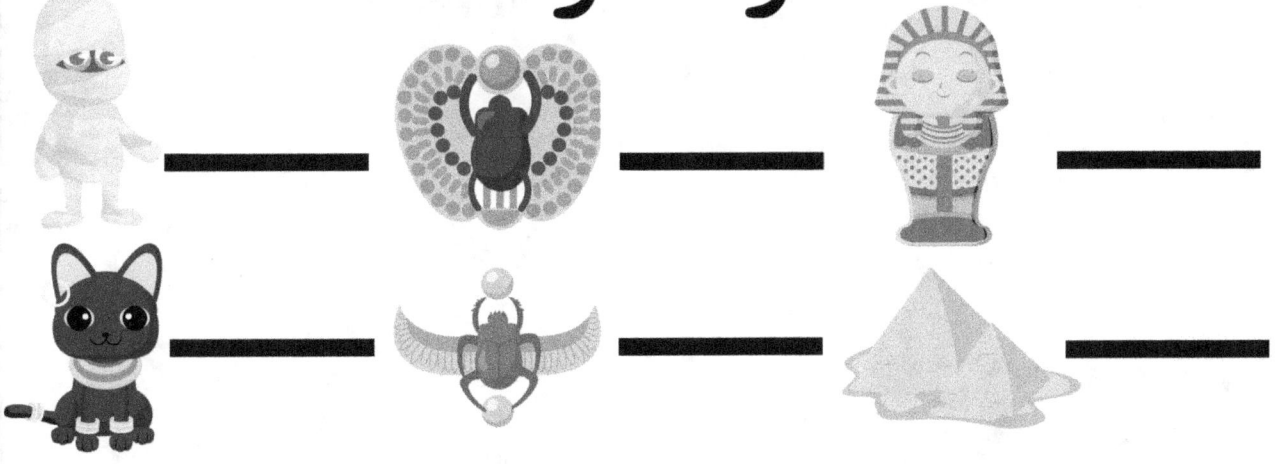

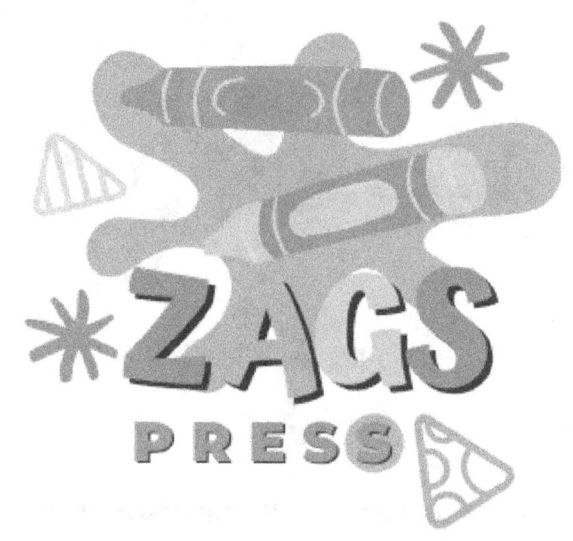

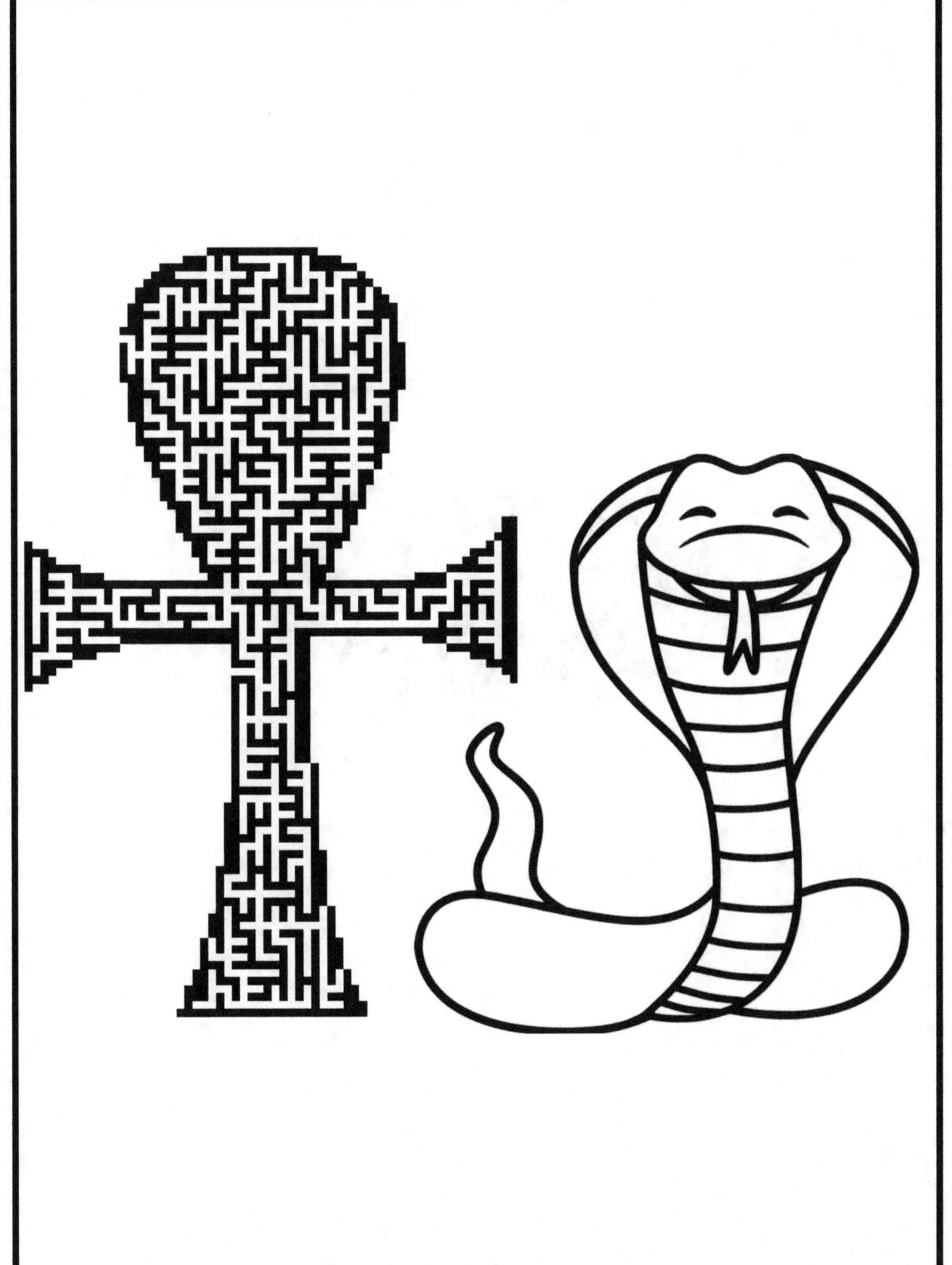

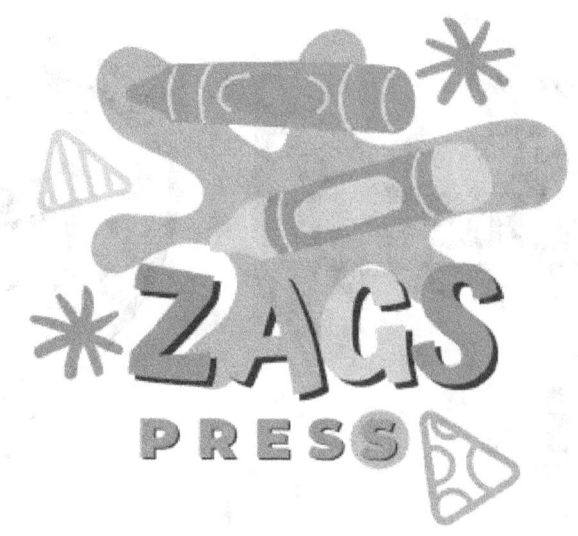

```
E G Y P T I A N W R I T I N G G
O S Z X Q T A Q F N B F P I V Y
B H V R M E C Z N Y T M A R R G
B G L S K S E H B D O G K O S Y
D Y N E W K I N G D O M T N O H
P P S M F Y M L G F L S I G L Z
Z Y B U Z L U N Z A I A O H N X
E U R H M P I A O H Z Y W I C
Q H B G F K X G T T C A L V U K
E F T Y D U F N I Y M D E D K L
P H F L L W E Q Z B I O V D J F
L A O G L I U C U M Q J E K N H
B E S A C E Z U A O O T P S C A
I V O N R Z B R H J M K H O S I
X G A K Y Z Y R A O O E W Z F G
M H Z H P P B K C D C P M K Q A
```

ANCIENT HISTORY
NEW KINGDOM
EGYPTIAN WRITING
OLD KINGDOM
ANTIQUE
ANKH
PYRAMID

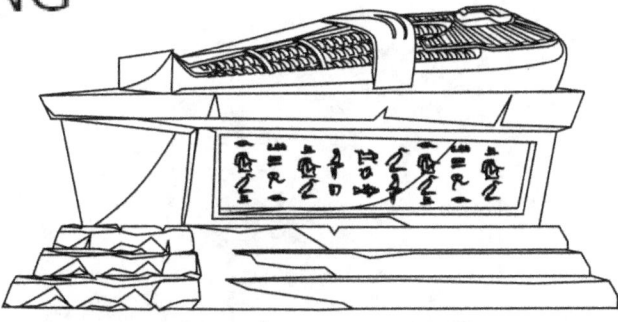

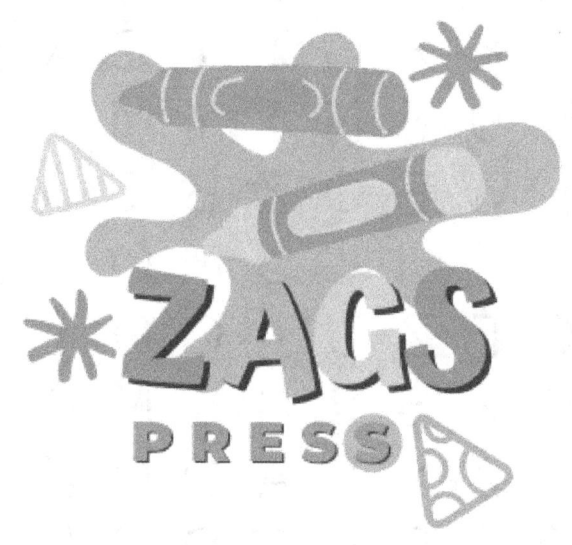

Finish the Image, then color

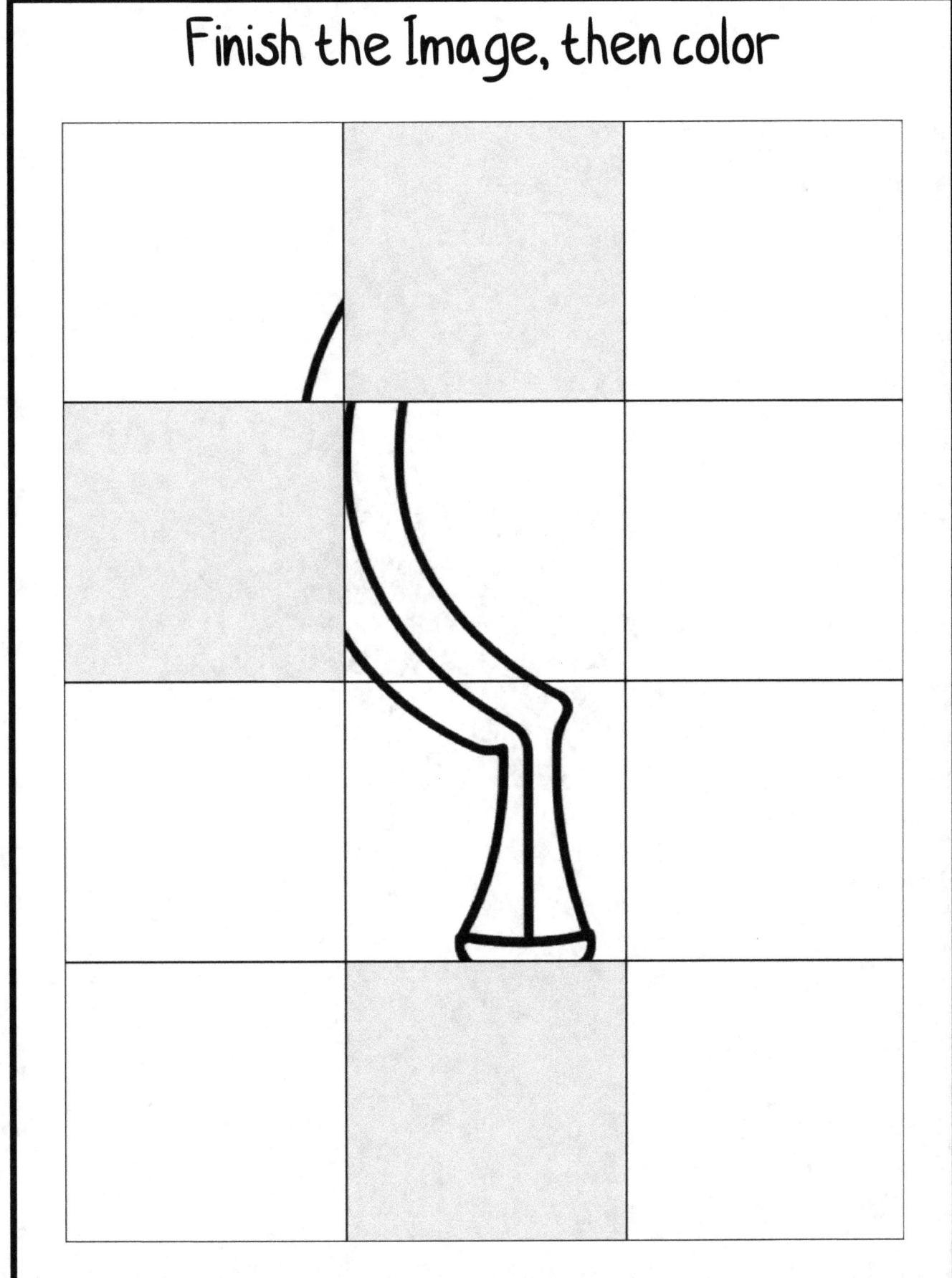

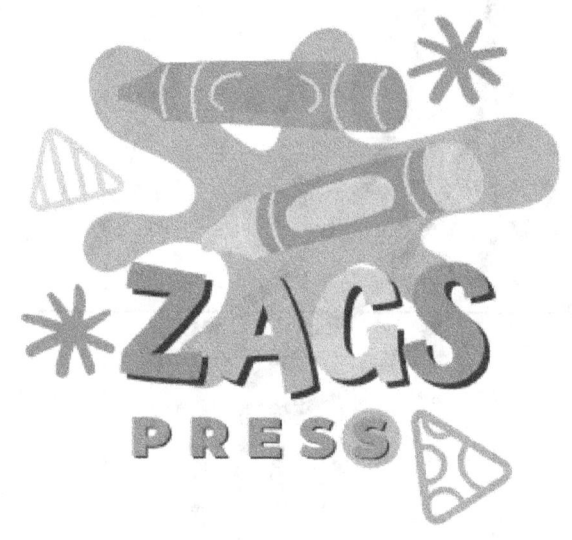

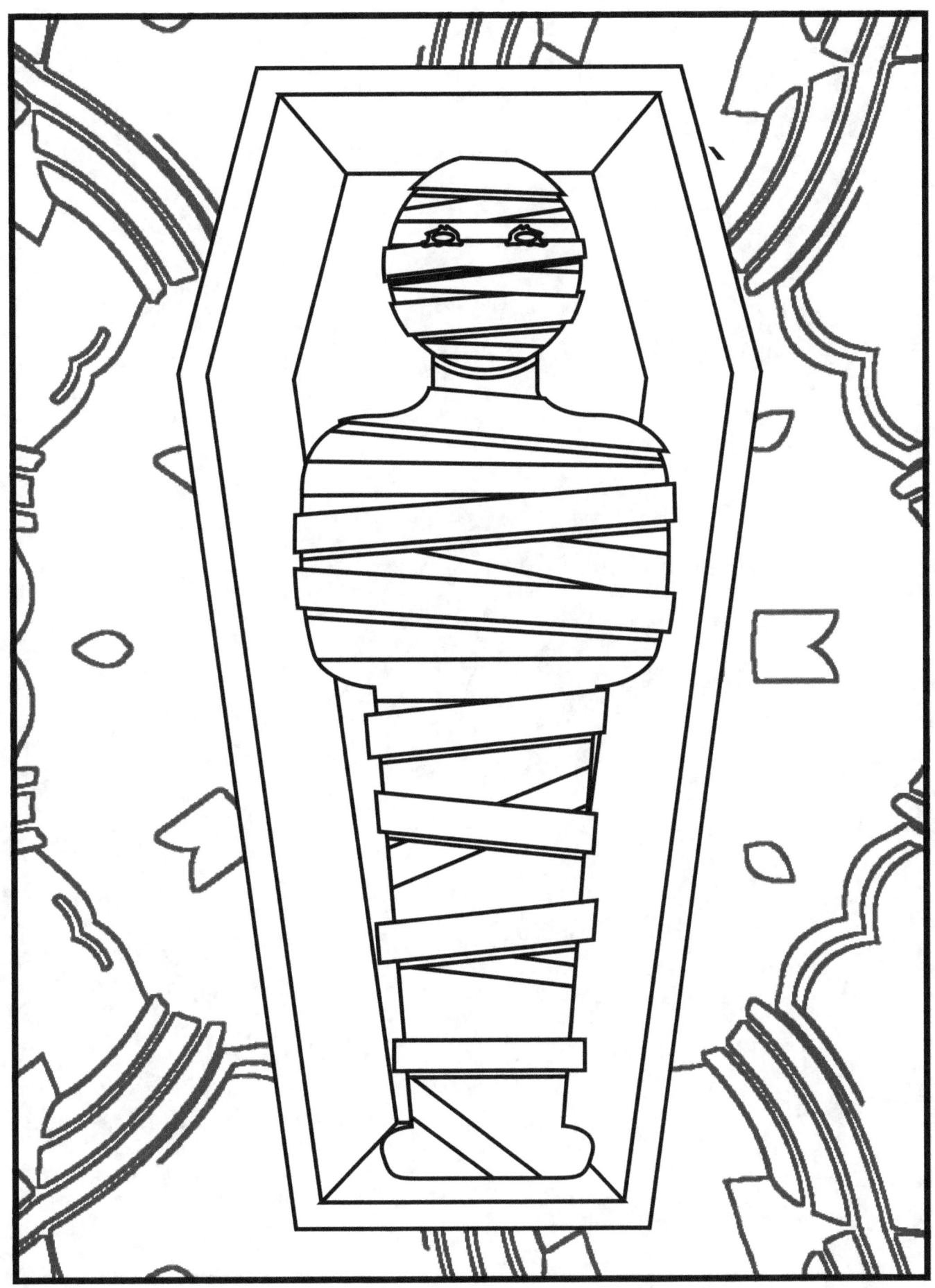

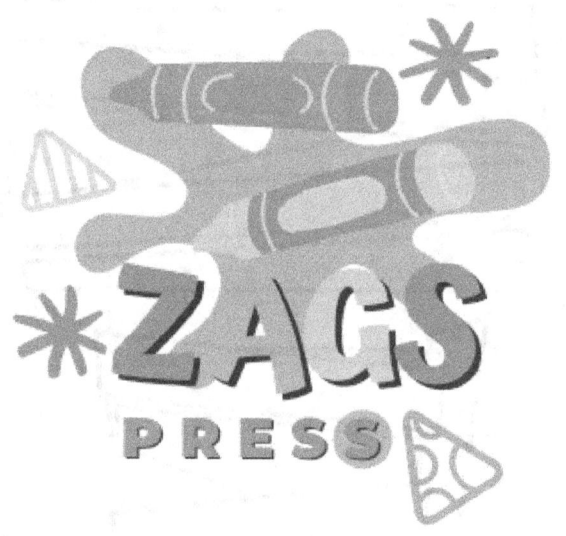

Which image is the odd one out?

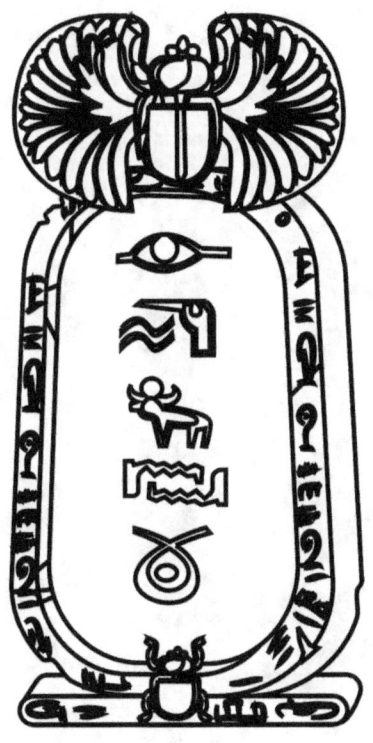
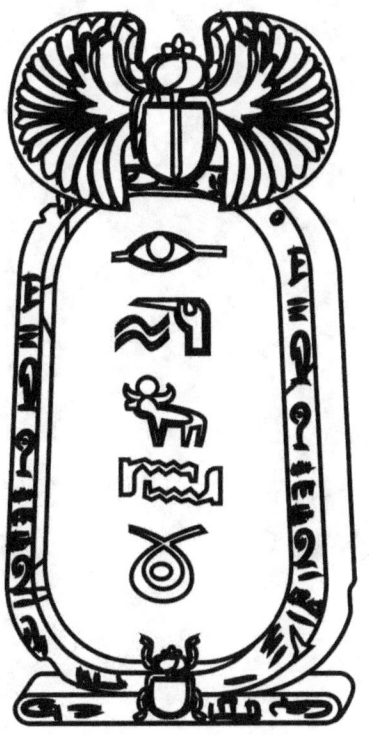
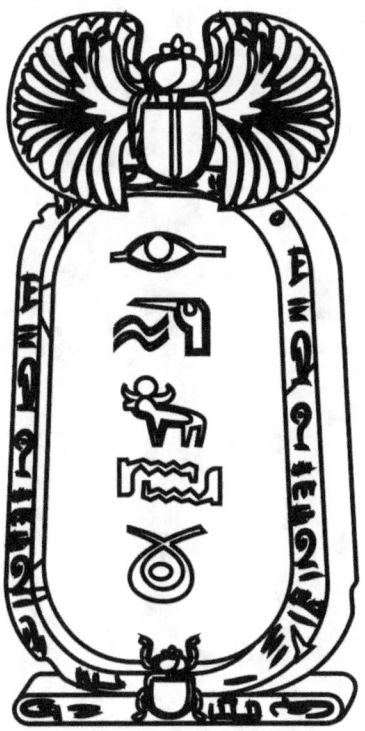
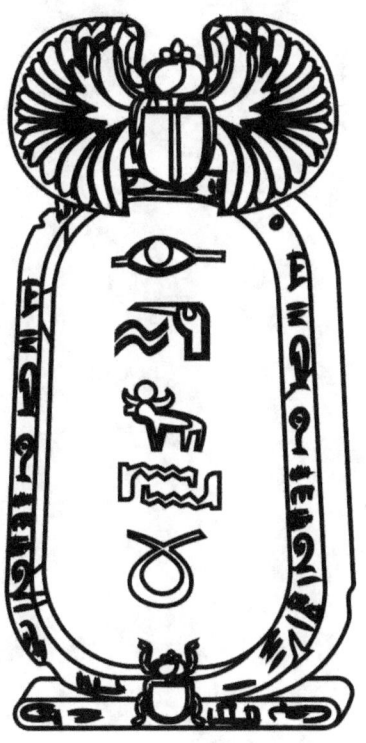

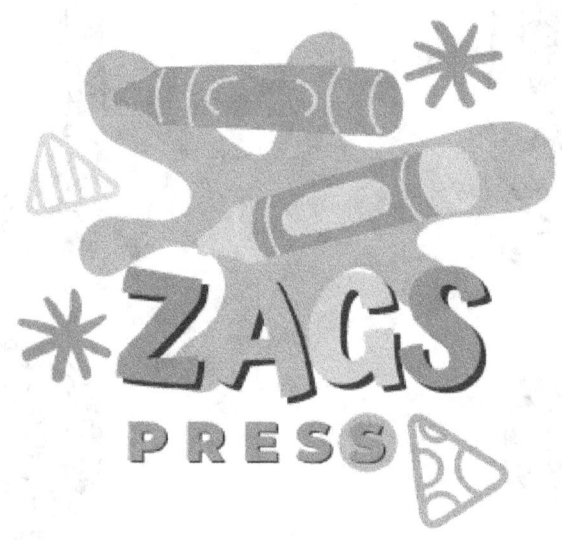

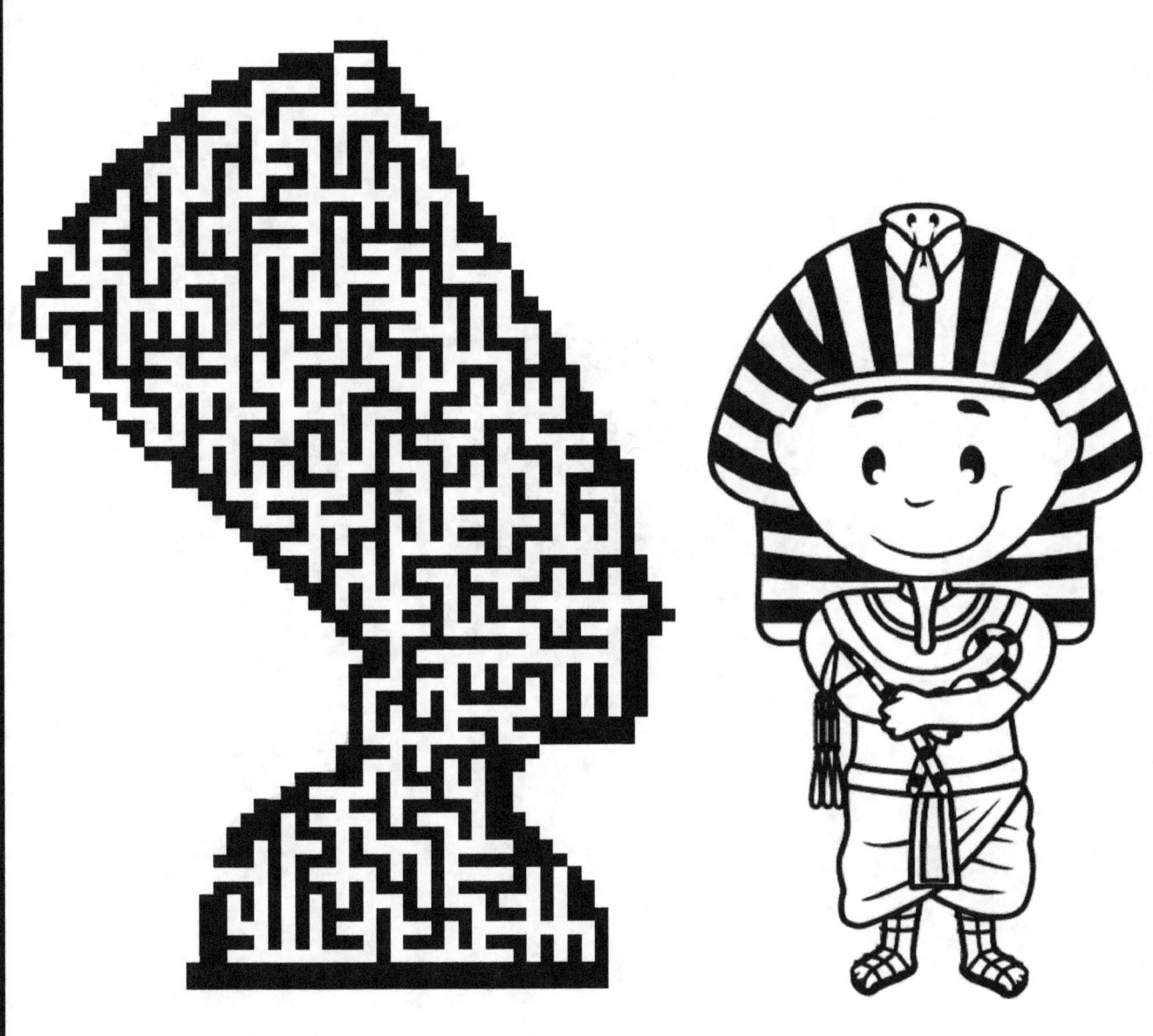

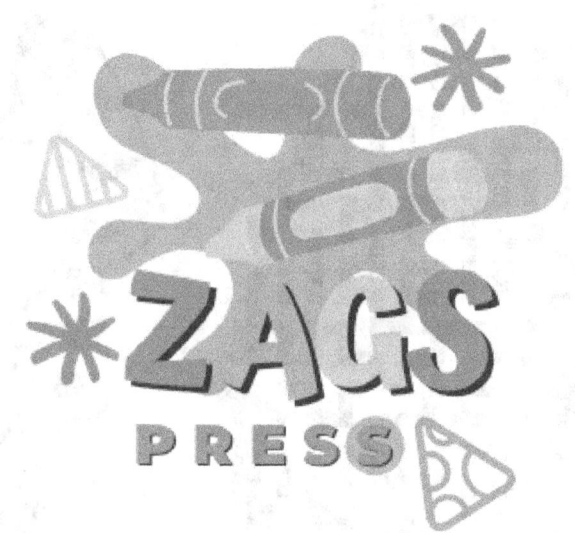

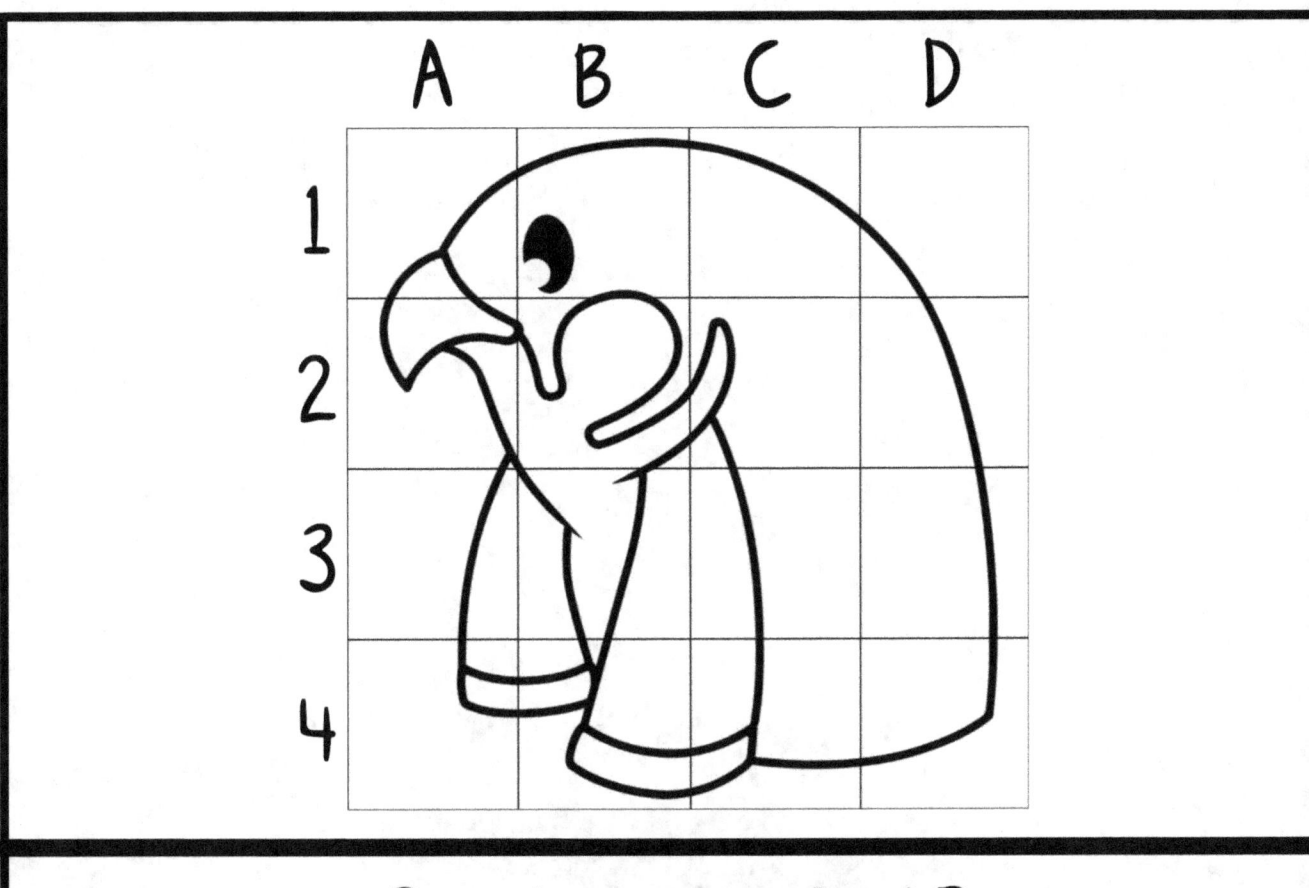

DRAW THEN COLOR

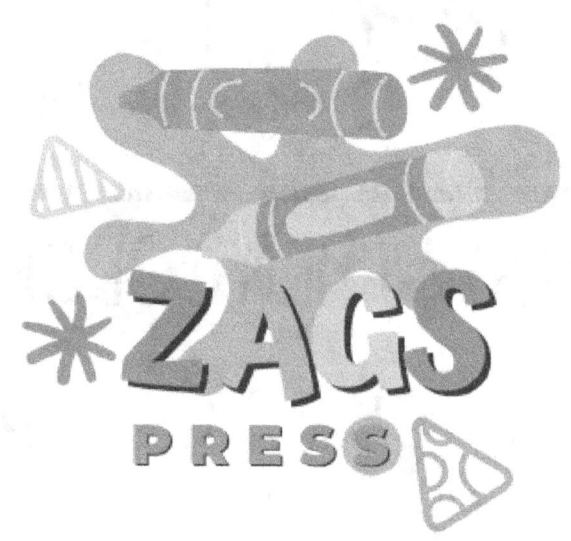

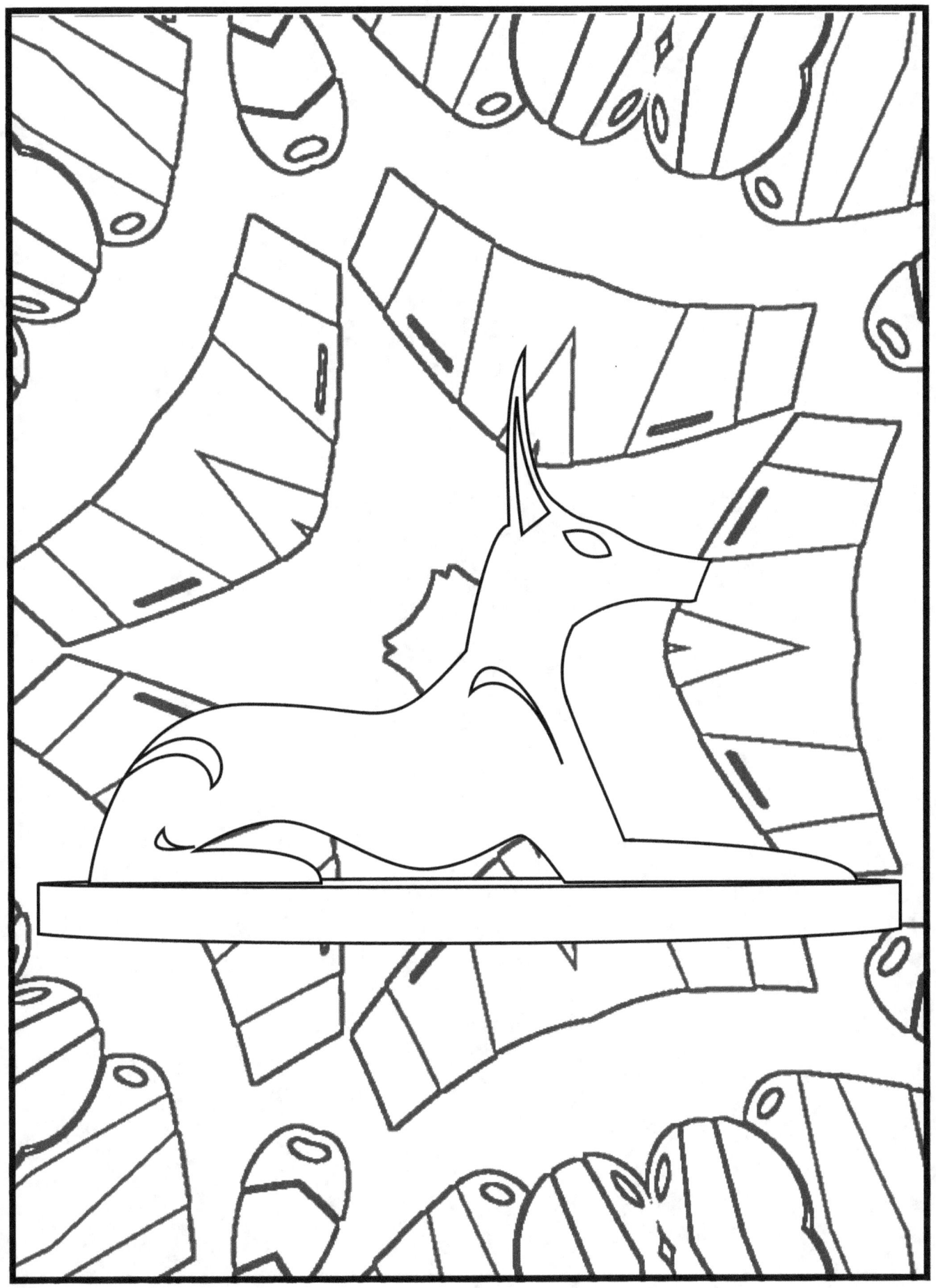

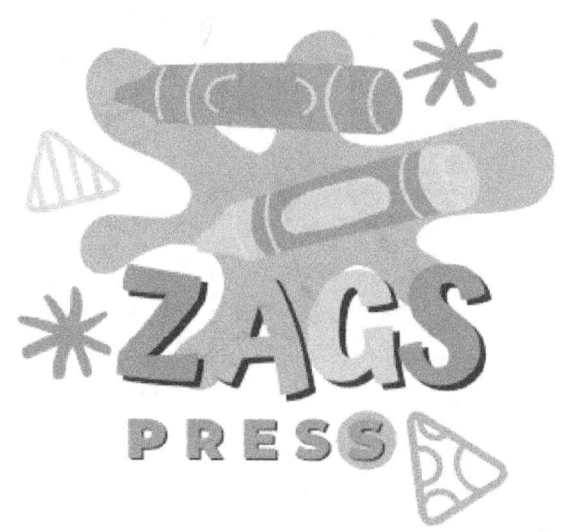

Subtraction Practice

1) 6 − ☐ = 0
2) 7 − ☐ = 3
3) 7 − ☐ = 2
4) 8 − ☐ = 6
5) 4 − ☐ = 3
6) 5 − ☐ = 2
7) 5 − ☐ = 2
8) 1 − ☐ = 0
9) 9 − ☐ = 1
10) 9 − ☐ = 7
11) 9 − ☐ = 3
12) 8 − ☐ = 7
13) 9 − ☐ = 0
14) 6 − ☐ = 3
15) 3 − ☐ = 0
16) 8 − ☐ = 5
17) 7 − ☐ = 0
18) 5 − ☐ = 1
19) 4 − ☐ = 2
20) 8 − ☐ = 6
21) 4 − ☐ = 3
22) 3 − ☐ = 0
23) 8 − ☐ = 4
24) 7 − ☐ = 1

1) 4 − ☐ = 3
2) 4 − ☐ = 0
3) 8 − ☐ = 3
4) 8 − ☐ = 1
5) 7 − ☐ = 4
6) 5 − ☐ = 4
7) 5 − ☐ = 4
8) 7 − ☐ = 2
9) 6 − ☐ = 5
10) 5 − ☐ = 2
11) 8 − ☐ = 3
12) 5 − ☐ = 3
13) 4 − ☐ = 3
14) 5 − ☐ = 3
15) 5 − ☐ = 2
16) 3 − ☐ = 1
17) 5 − ☐ = 1
18) 7 − ☐ = 5
19) 9 − ☐ = 8
20) 8 − ☐ = 0
21) 8 − ☐ = 6
22) 7 − ☐ = 1
23) 5 − ☐ = 0
24) 9 − ☐ = 0

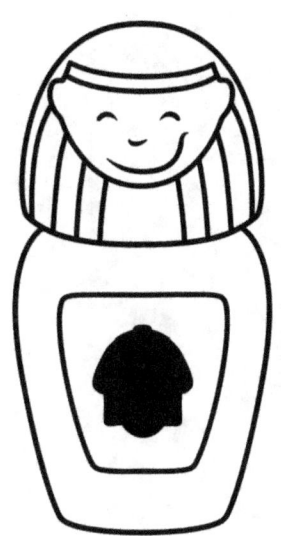
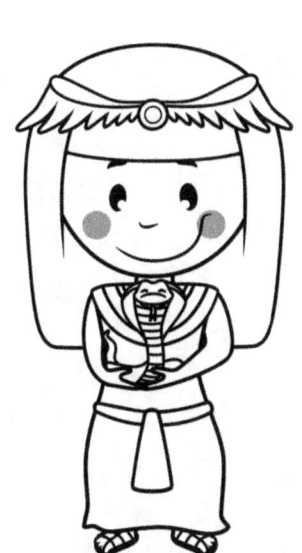

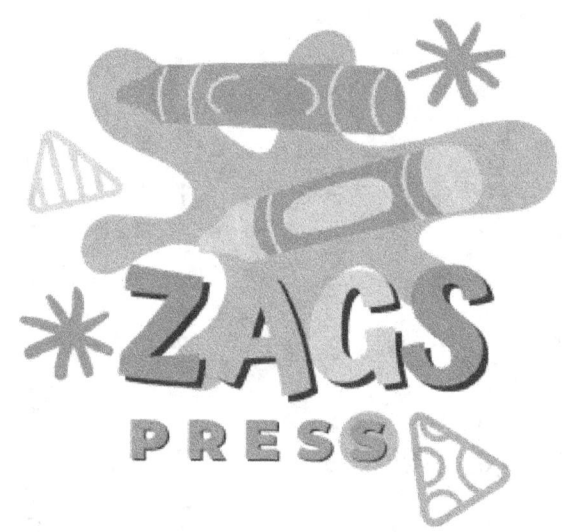

ISPY

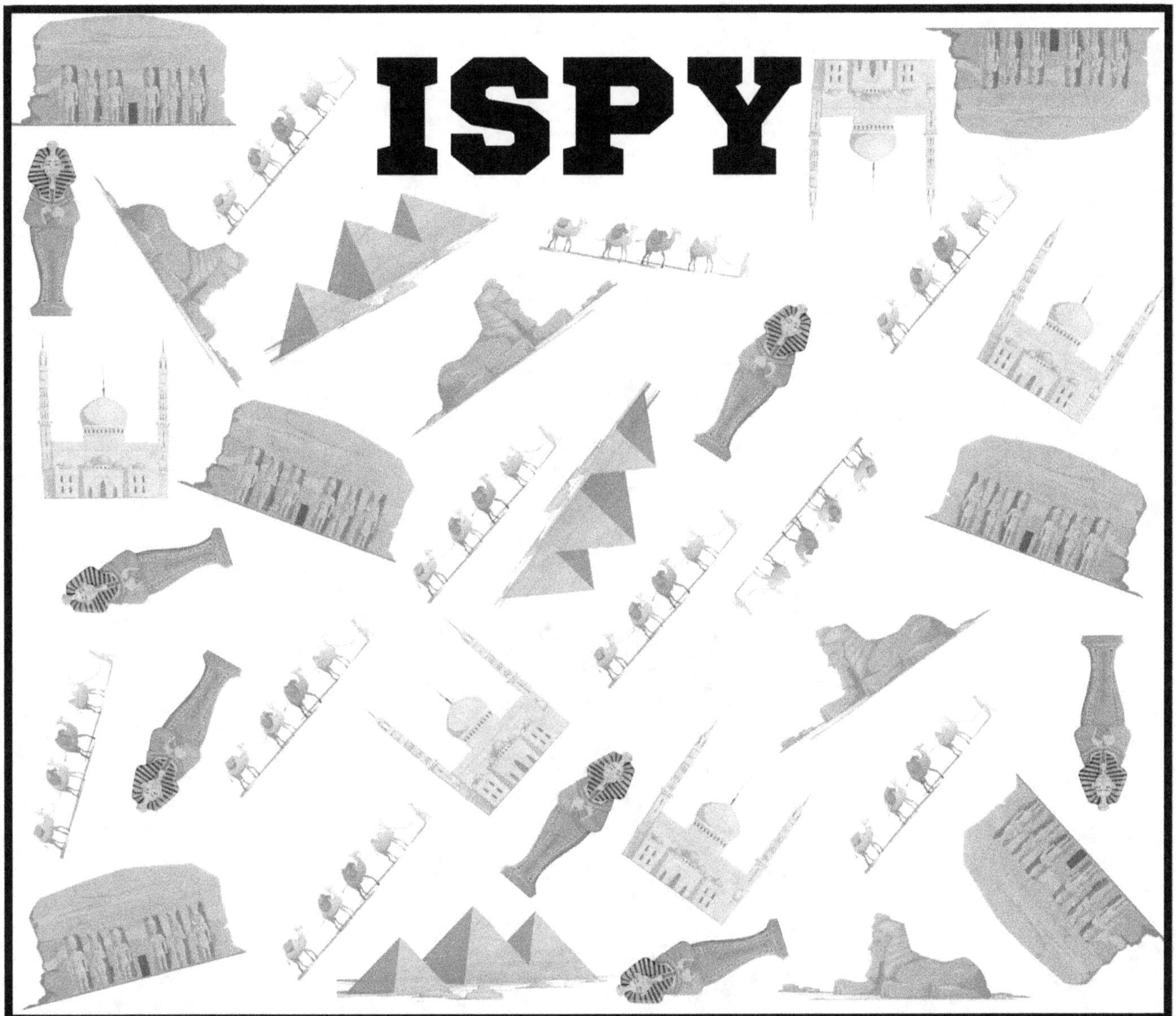

How many do you see?

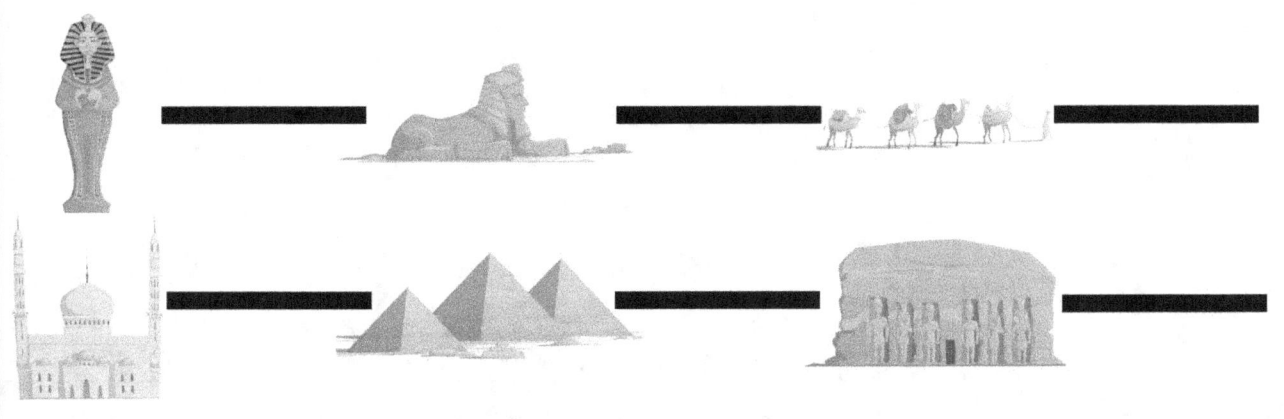

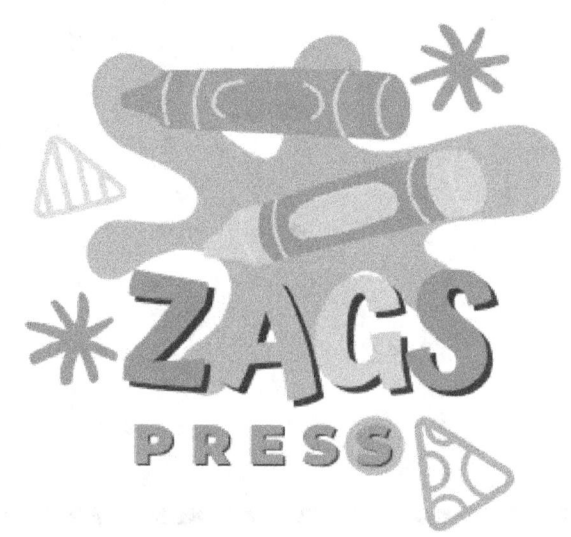

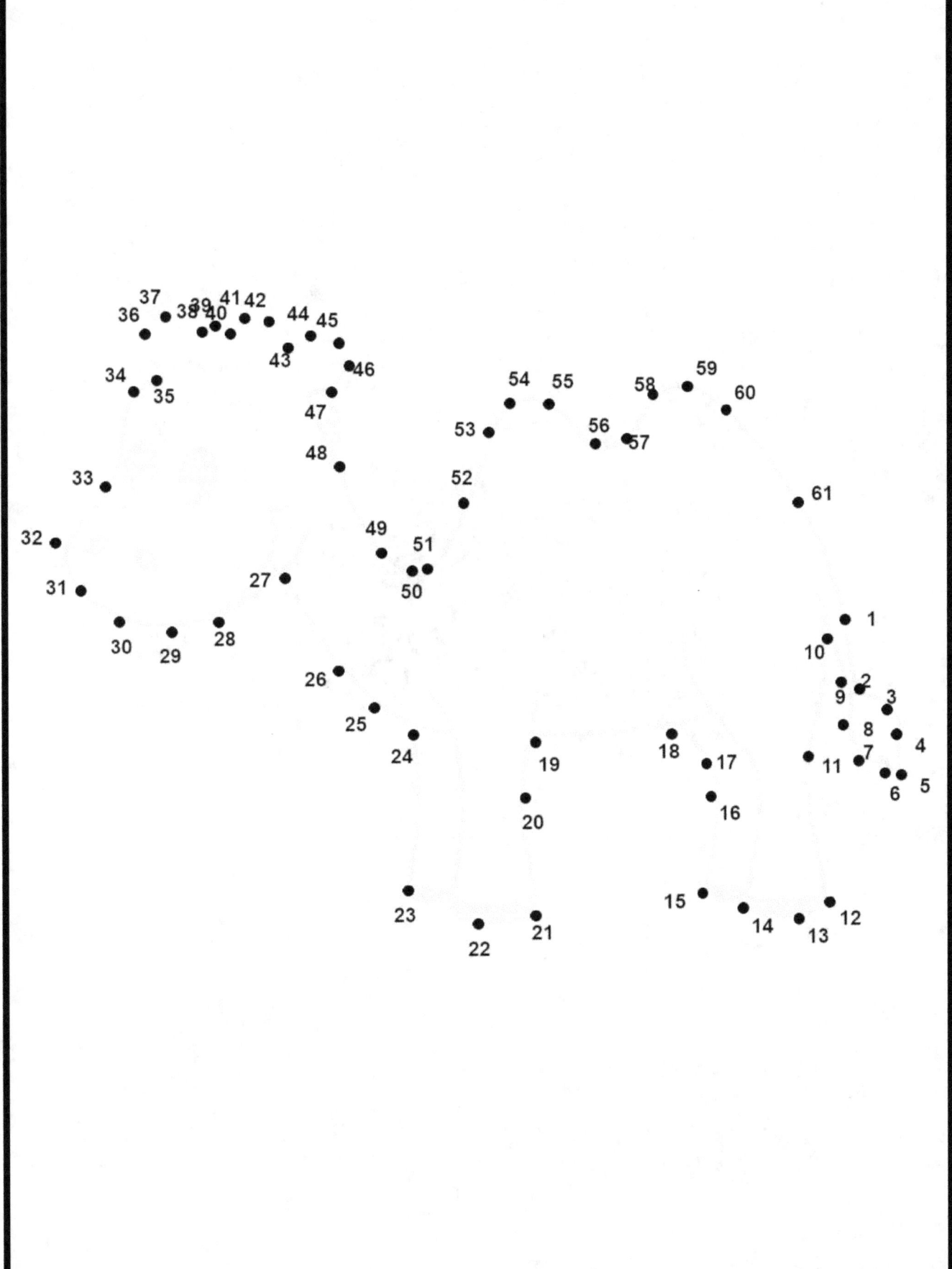

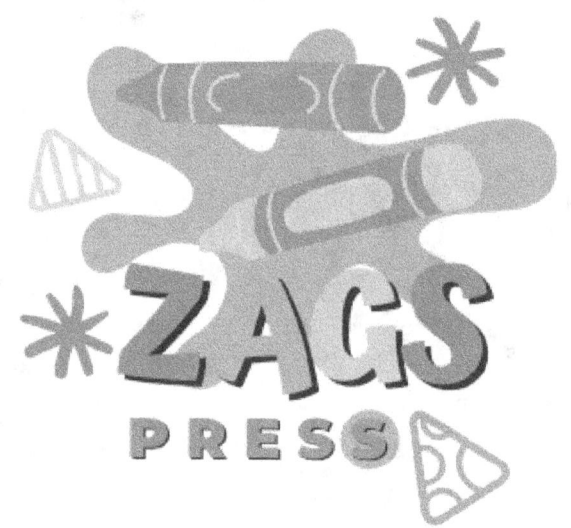

```
C C N N A D K B J H X D M X T Y
Y Z I O I H B P I H J Z V I O H
J T L M O O R F R U Q V Z N Y Y
D D H M D X S D F N S T G I Z G
A R L I K E Z T P J A U I H V A
I Q O L S Y O O L C R W F P C T
K U V M X W C M V I U T O S P H
Y S A C J B Y B V Z N T N A M G
U R C H U G I S N T P Y N G B O
R C F A D E R Y H M Q U I S I S
W H Q G R N I Y O K B V I W I X
F I H K R A A D N I V K Z Z C A
J K L W D B B S S T O P F J Z J
D Q F Z A I F I M L B Y U F V S
O I M L T Q D T O E Q H C F E G
T J I W B W O D K O Z E Y X M S
```

SPHINIX
RAMSES
ISIS
SCARAB
ANUBIS
TOMB
SAND

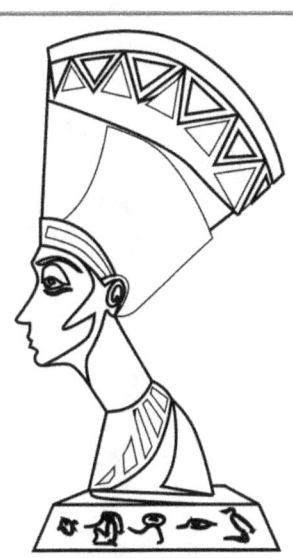

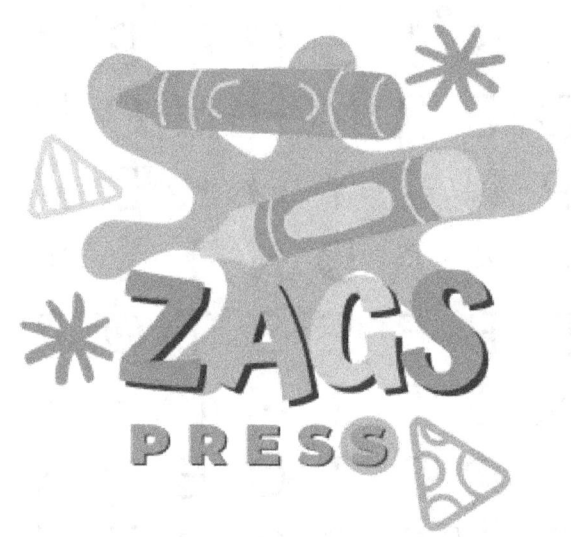

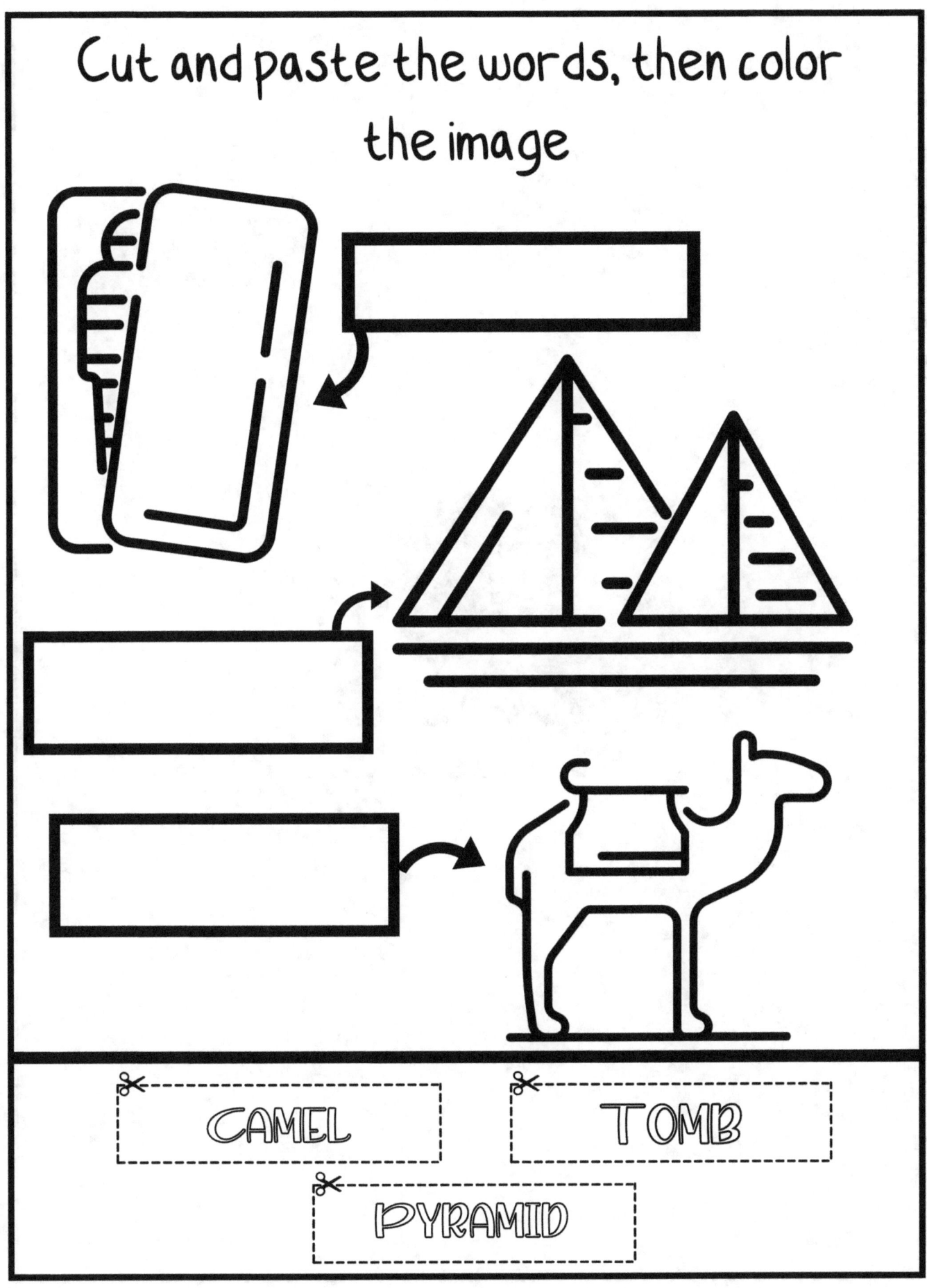

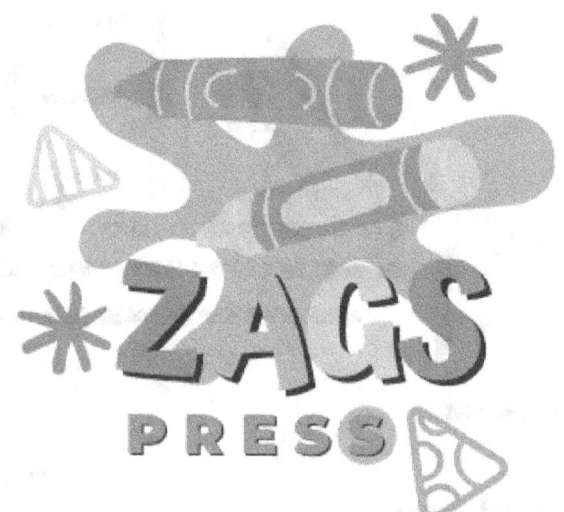

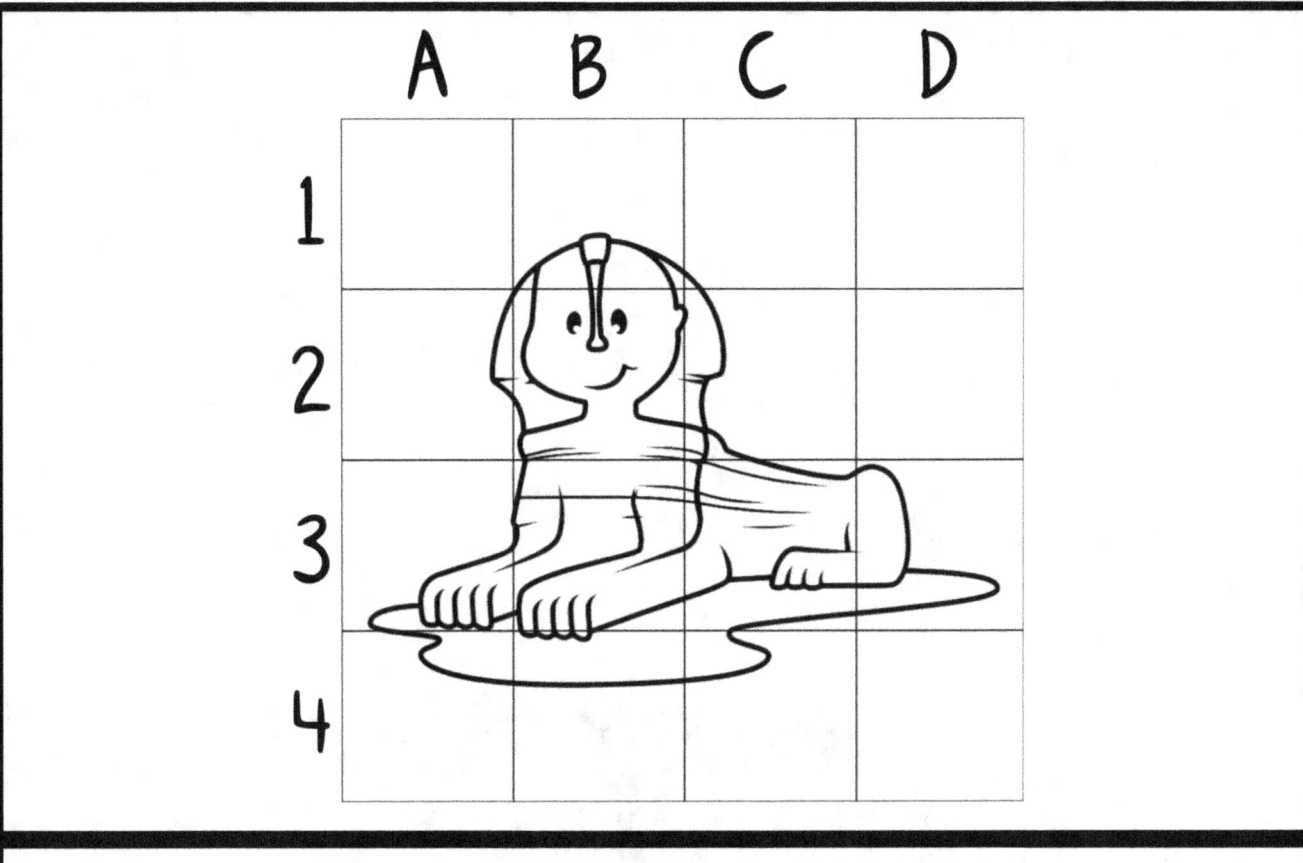

DRAW THEN COLOR

	A	B	C	D
1				
2				
3				
4				

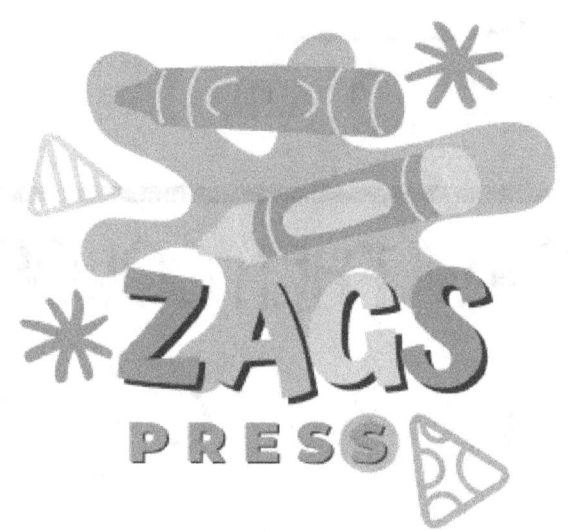

ISPY

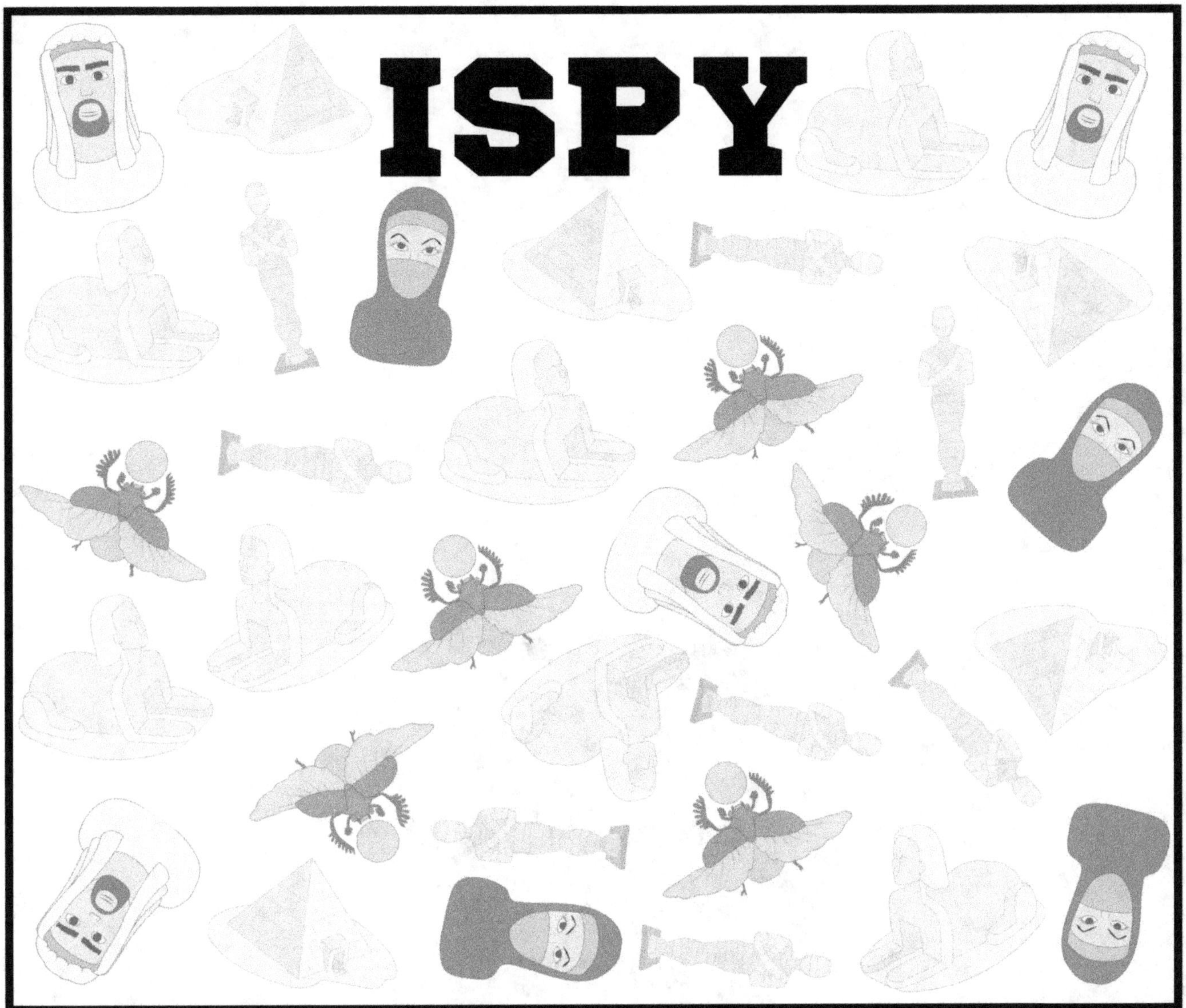

How many do you see?

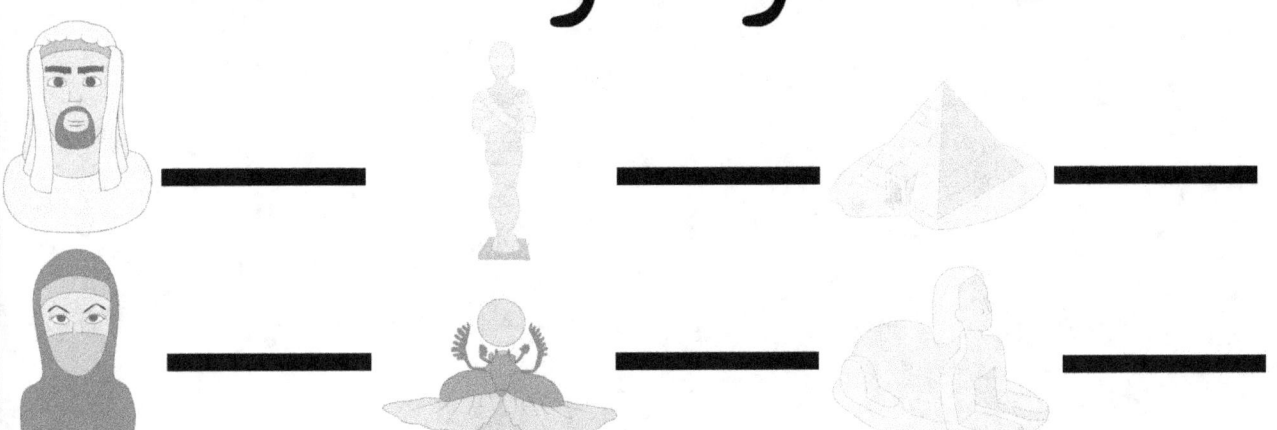

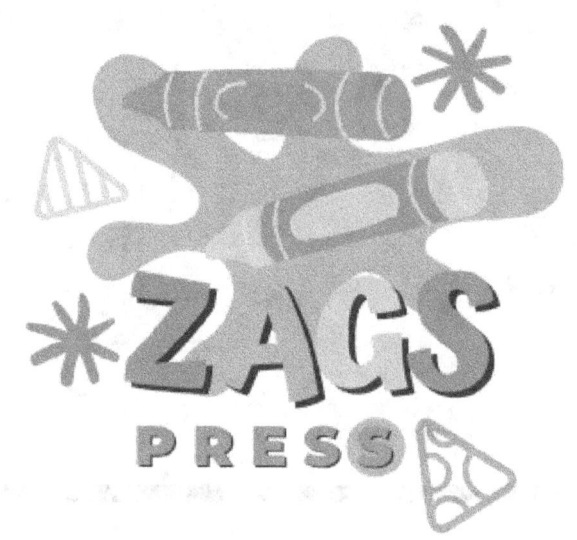

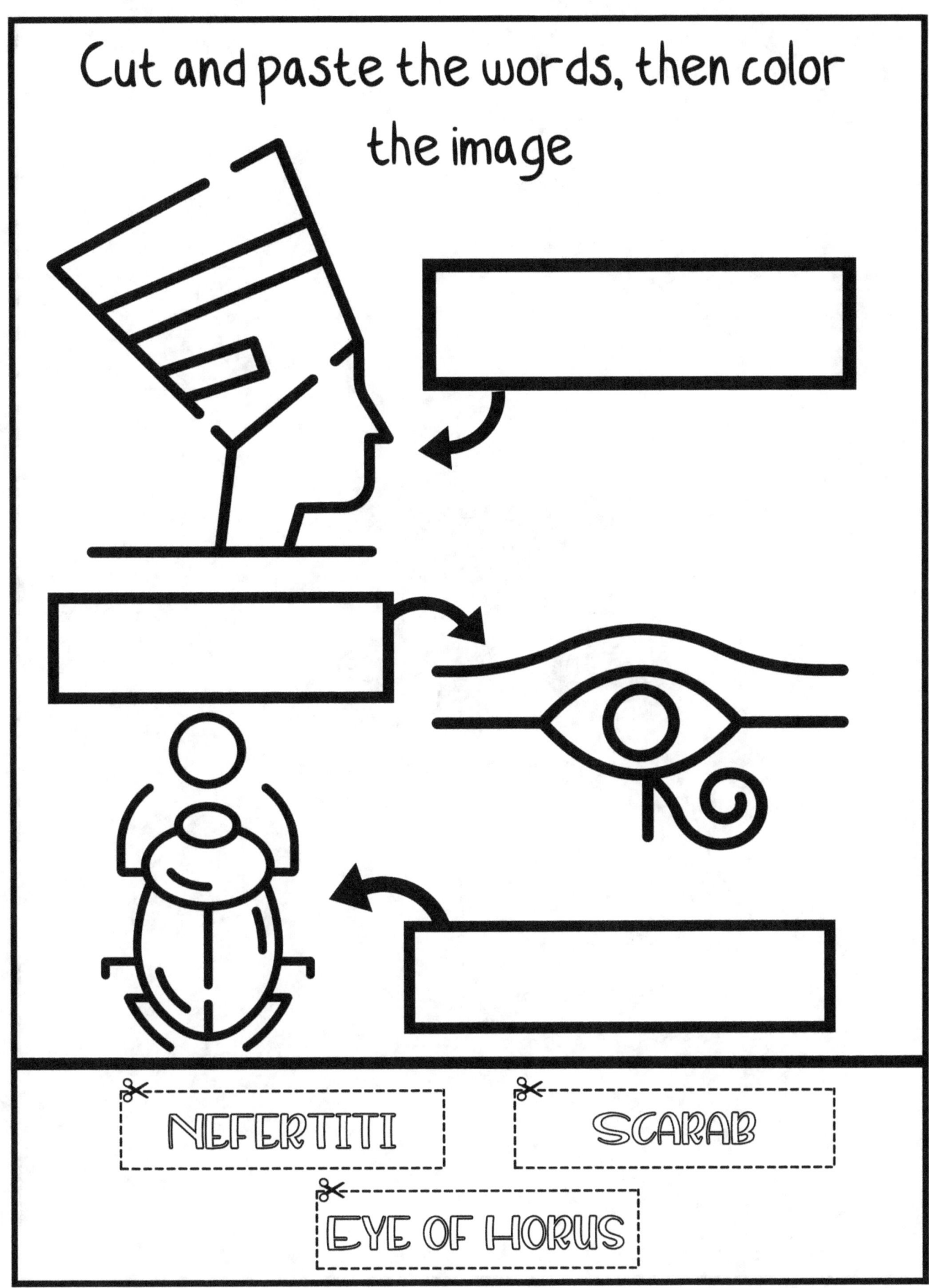

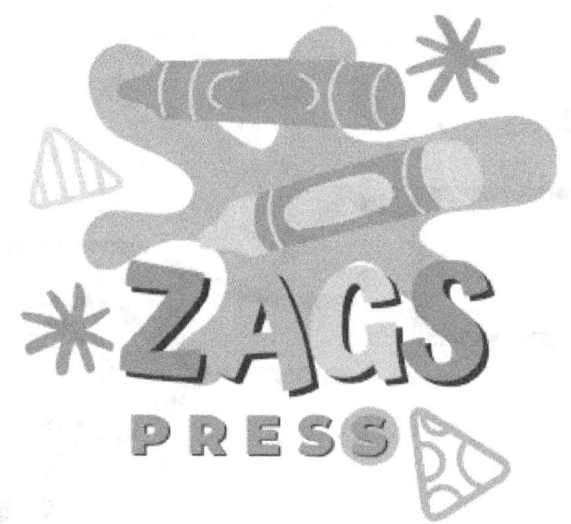

Which image is the odd one out?

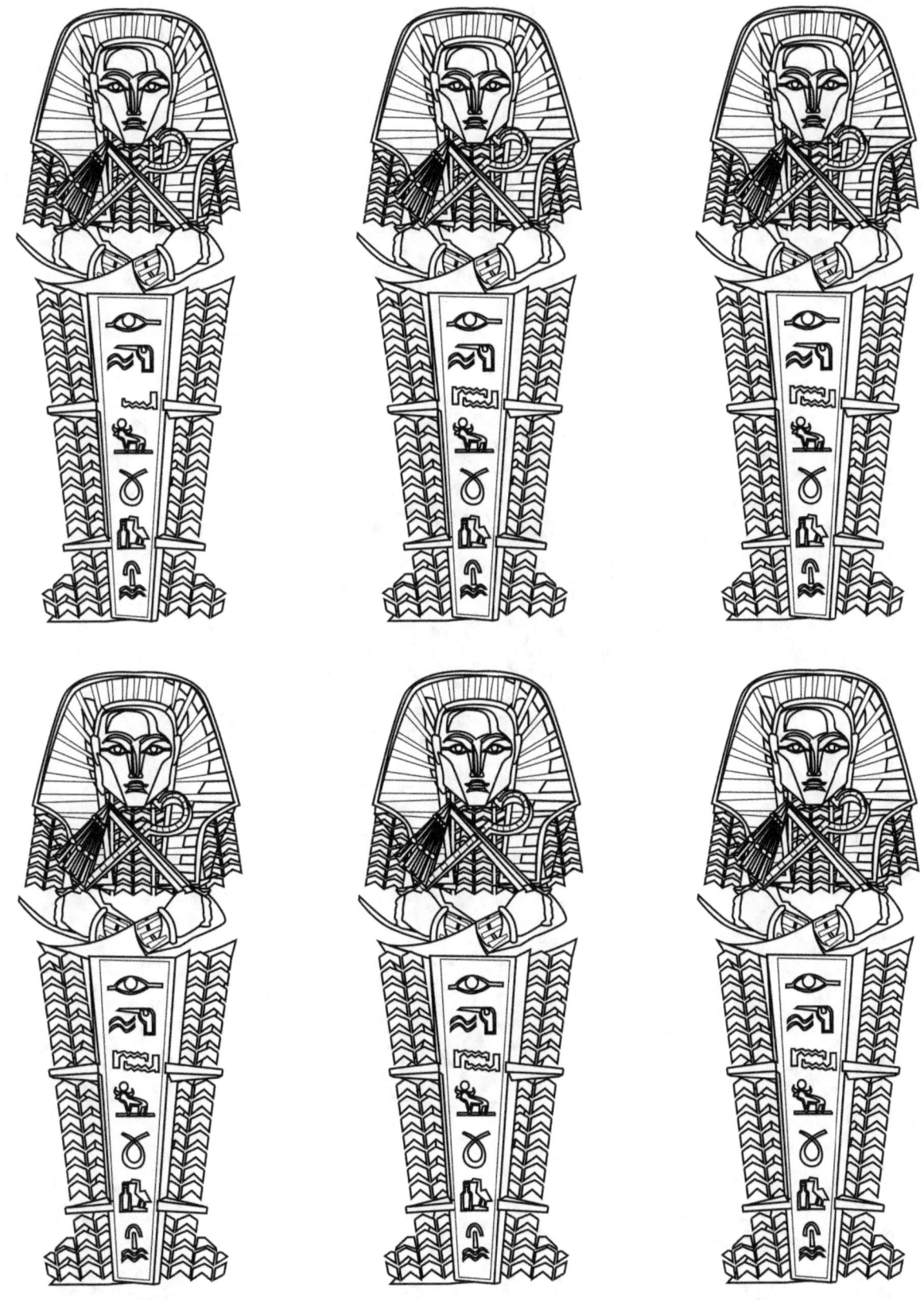

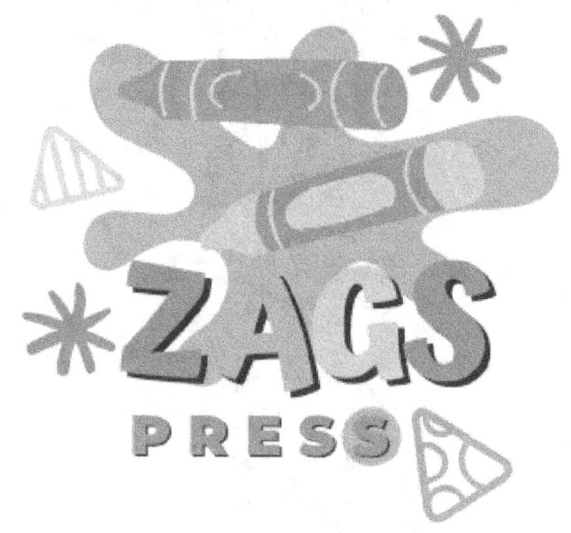

```
A D K Q J B E B C I T X U G H Z
H M Z M A O Z U Z G Q U C T E R
C K F C Z K A B V J D Q V P A L
L F U T H C L D Y B E U H K J E
P R H O L L P U A Z S B C I C M
J I R Z T A L Q U O E I O F I A
A R M Z W Y K U N K R X F D Q C
I M L J I R R I G A T I O N K M
Q T U X Z C I D V K D R M G V
T Q I L L F S Q N E F N O B J K
B P S T E J P A P Y R U S I U Y
L T P C R T B X F N U F C Y I S
D U W R P E F V R V D Z R R H V
F F M N X V F R L X M G B T V
D B J J L T J E Y B C M K R J S
X H Z U H Y M T N M I O E N S W
```

PAPYRUS
AMULET
IRRIGATION
CLAY
DESERT
CAMEL
NEFERTITI

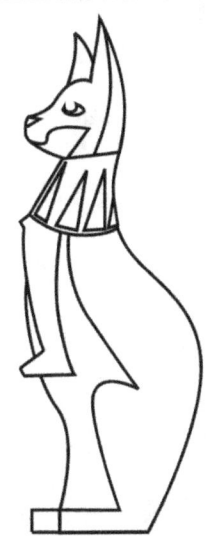

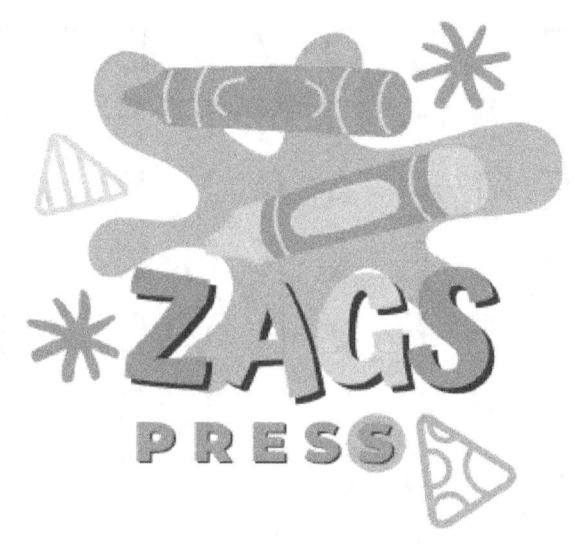

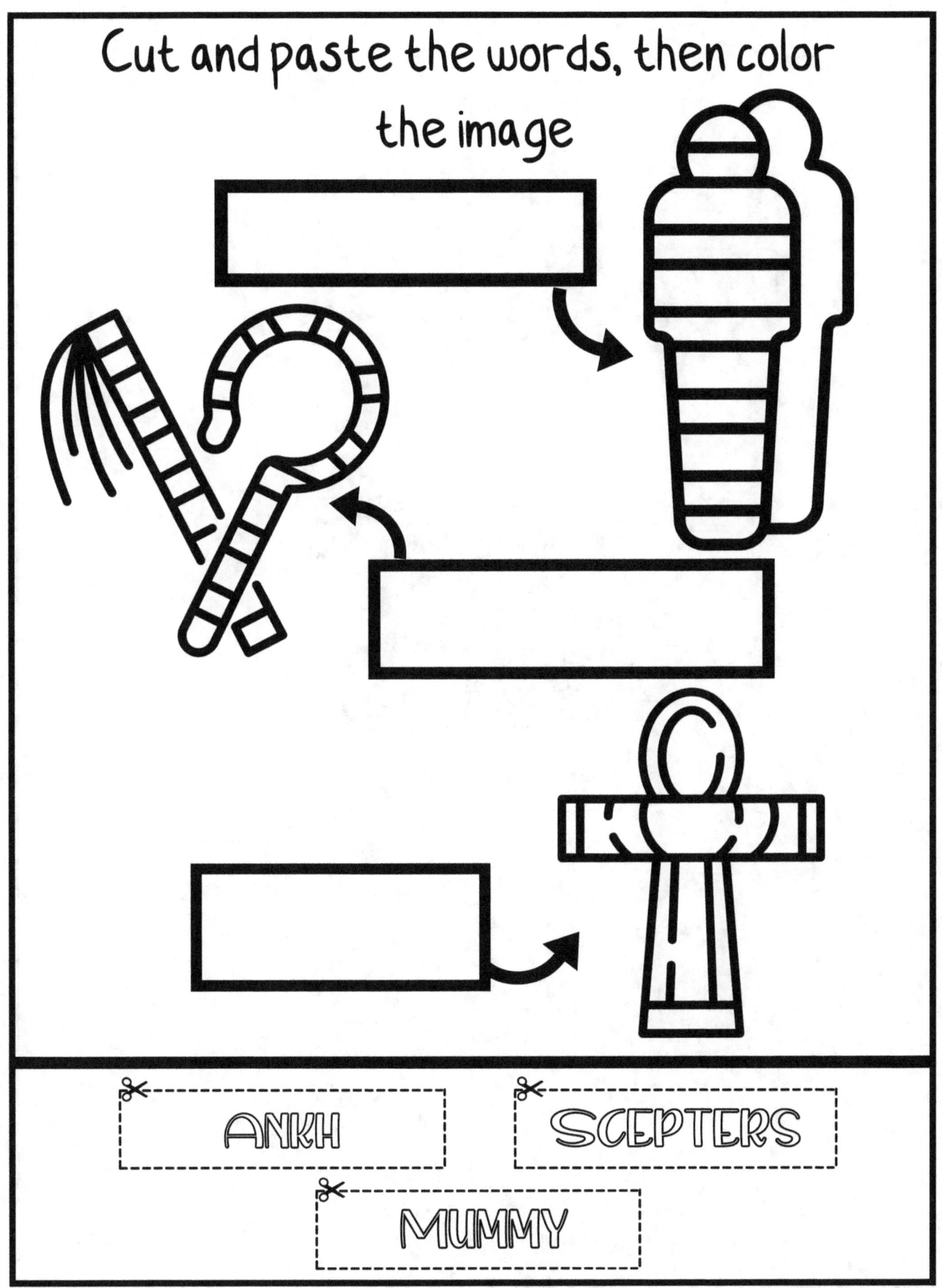

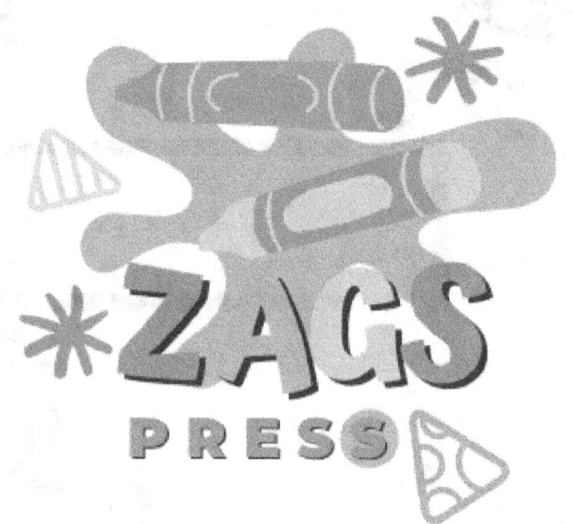

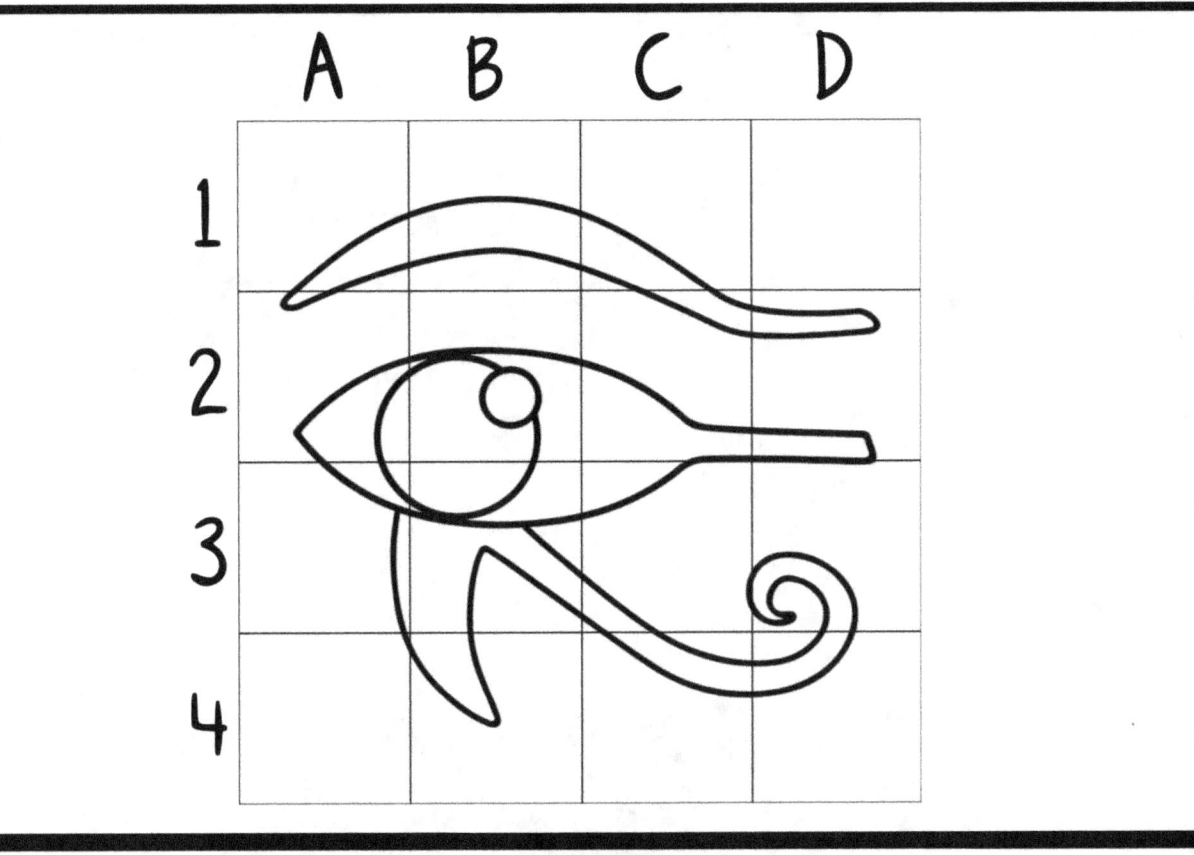

DRAW THEN COLOR

A B C D

1

2

3

4

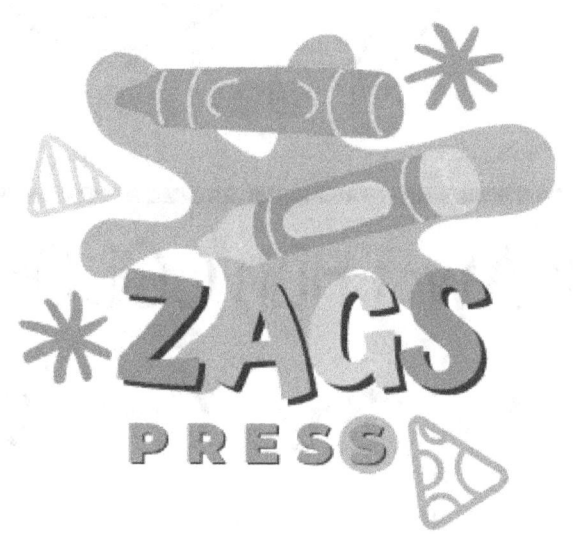

Finish the Image, then color

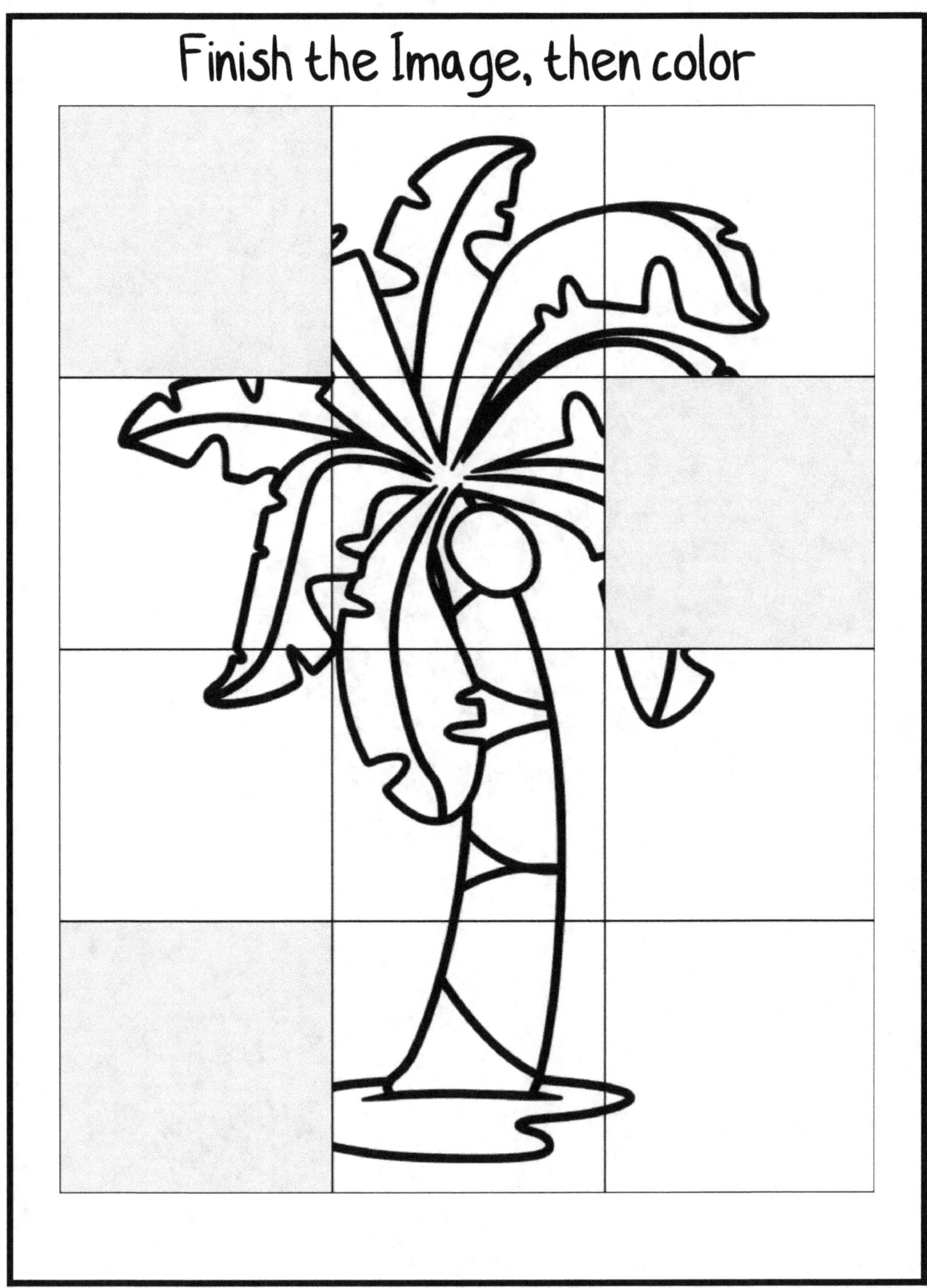

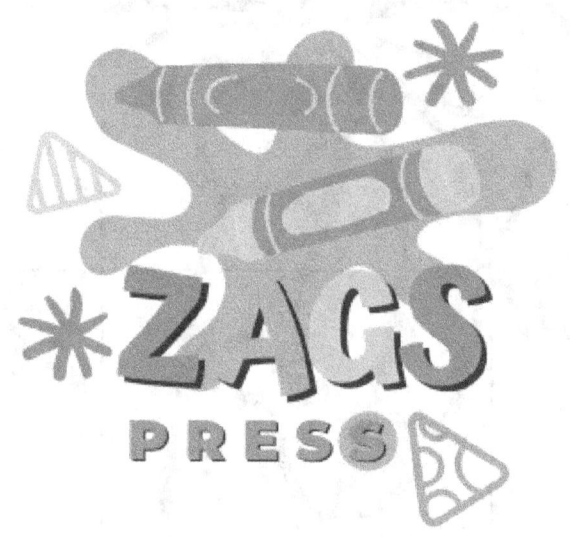

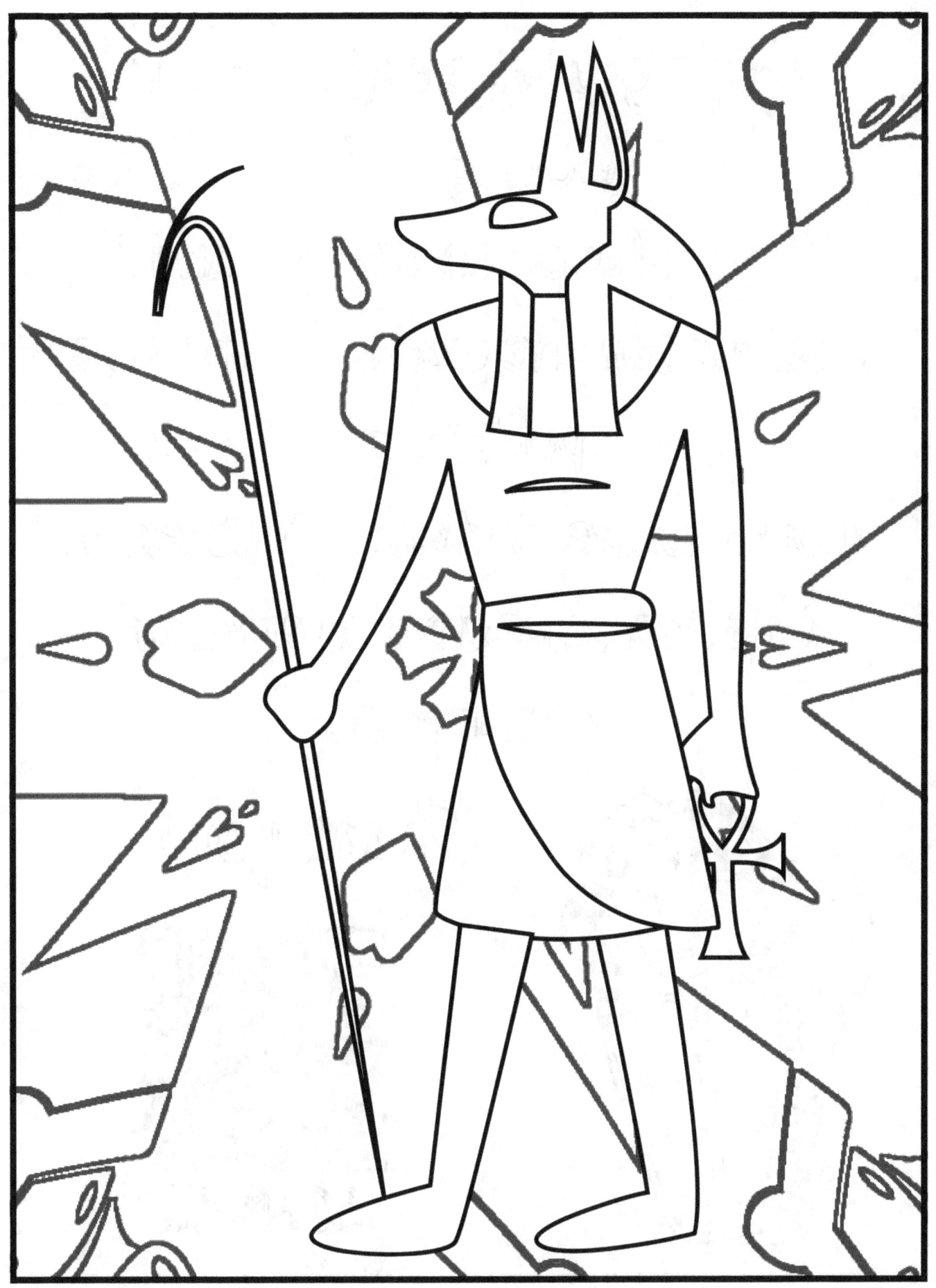

I hope you have enjoyed this Activity book.
i have a favor to ask you and it would mean the world for me as a publisher.
would you be kind enough to leave this book a review on amazon review page.

Thank you!

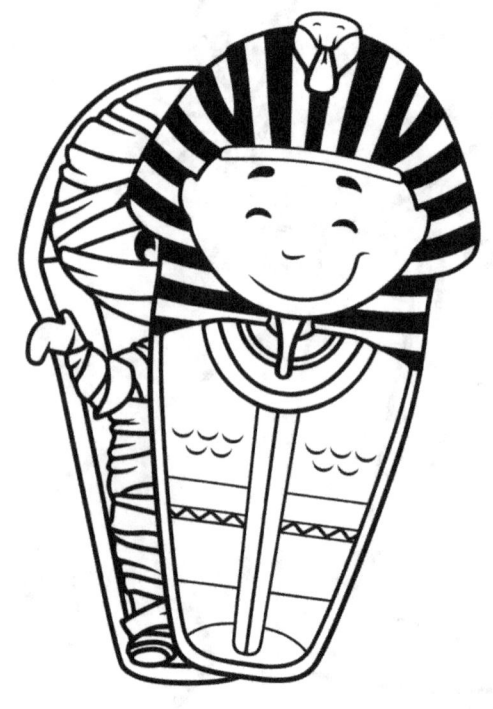

SCAN ME

MAZE Solutions

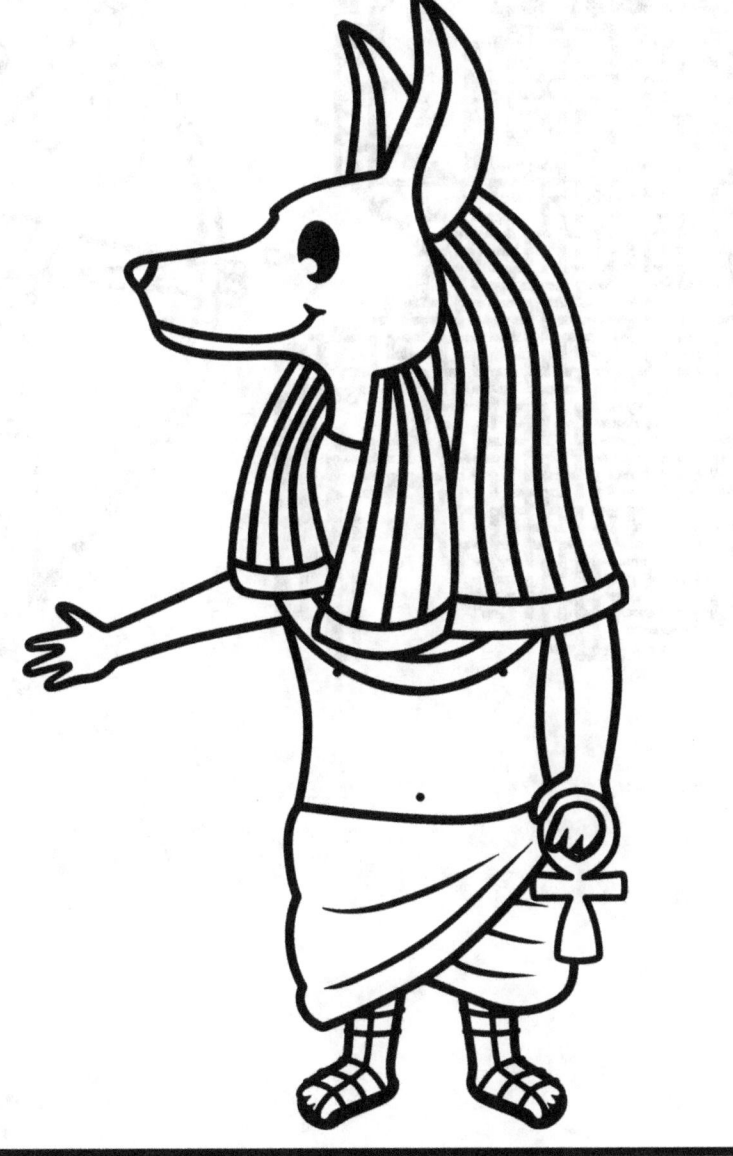

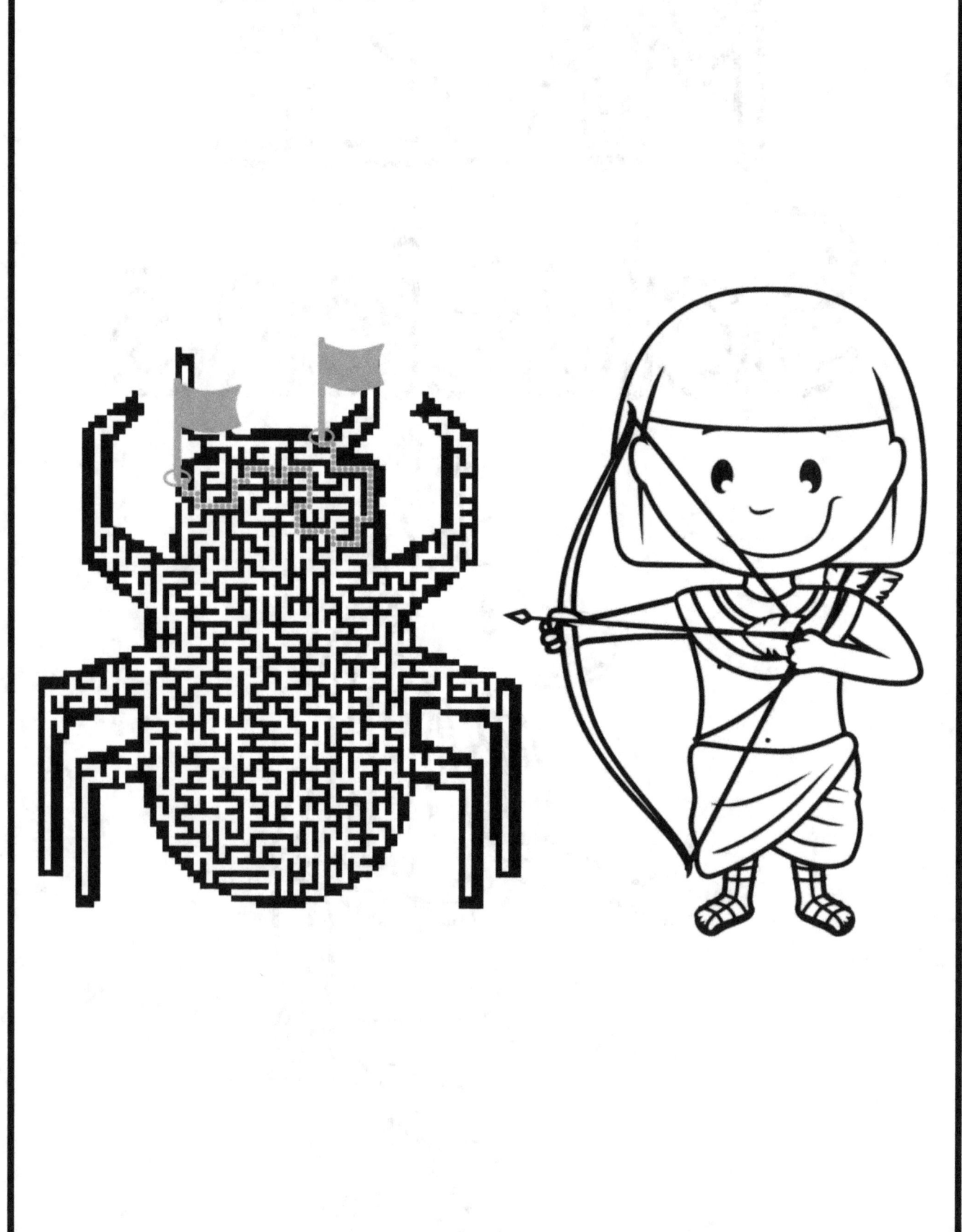

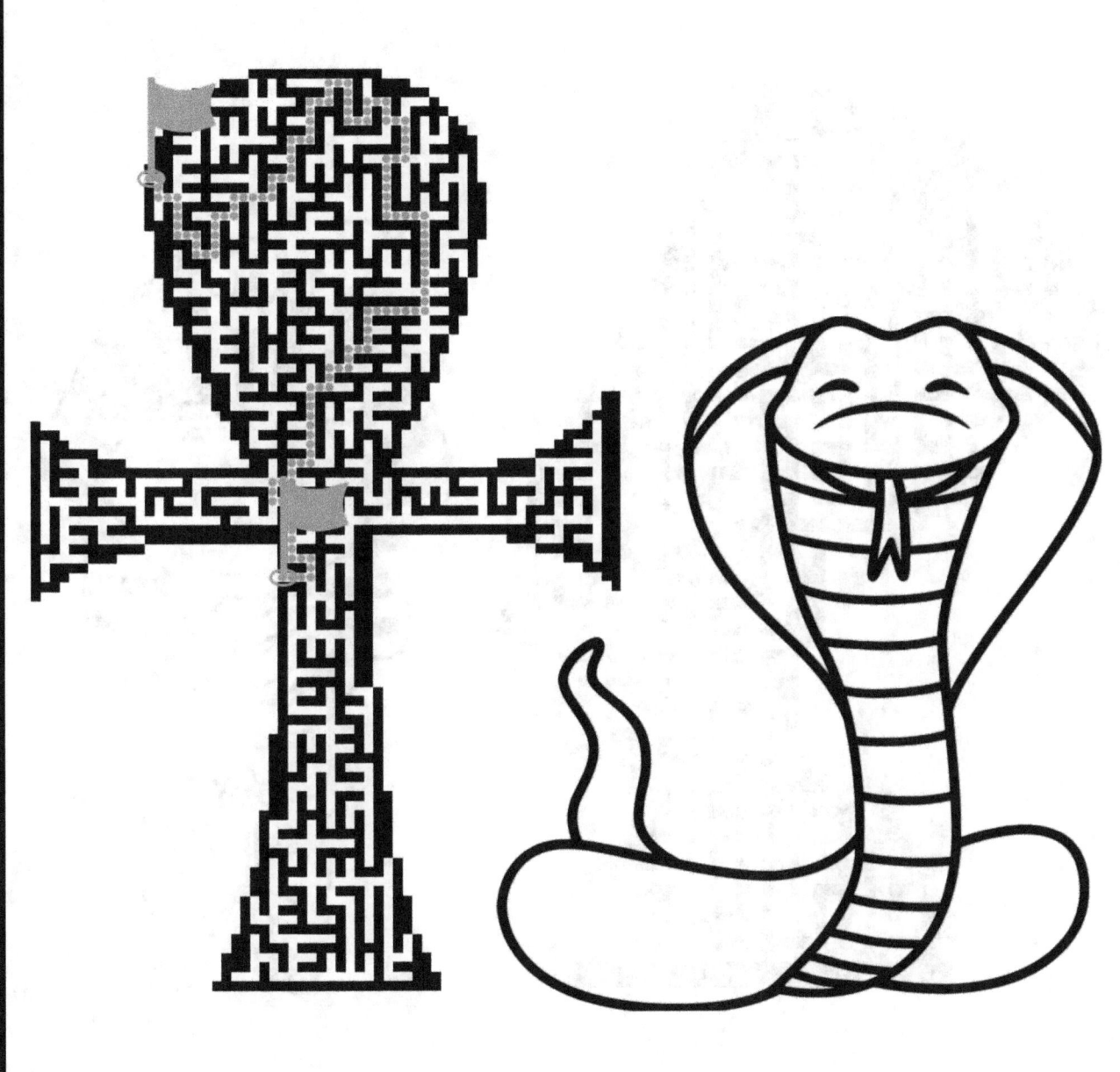

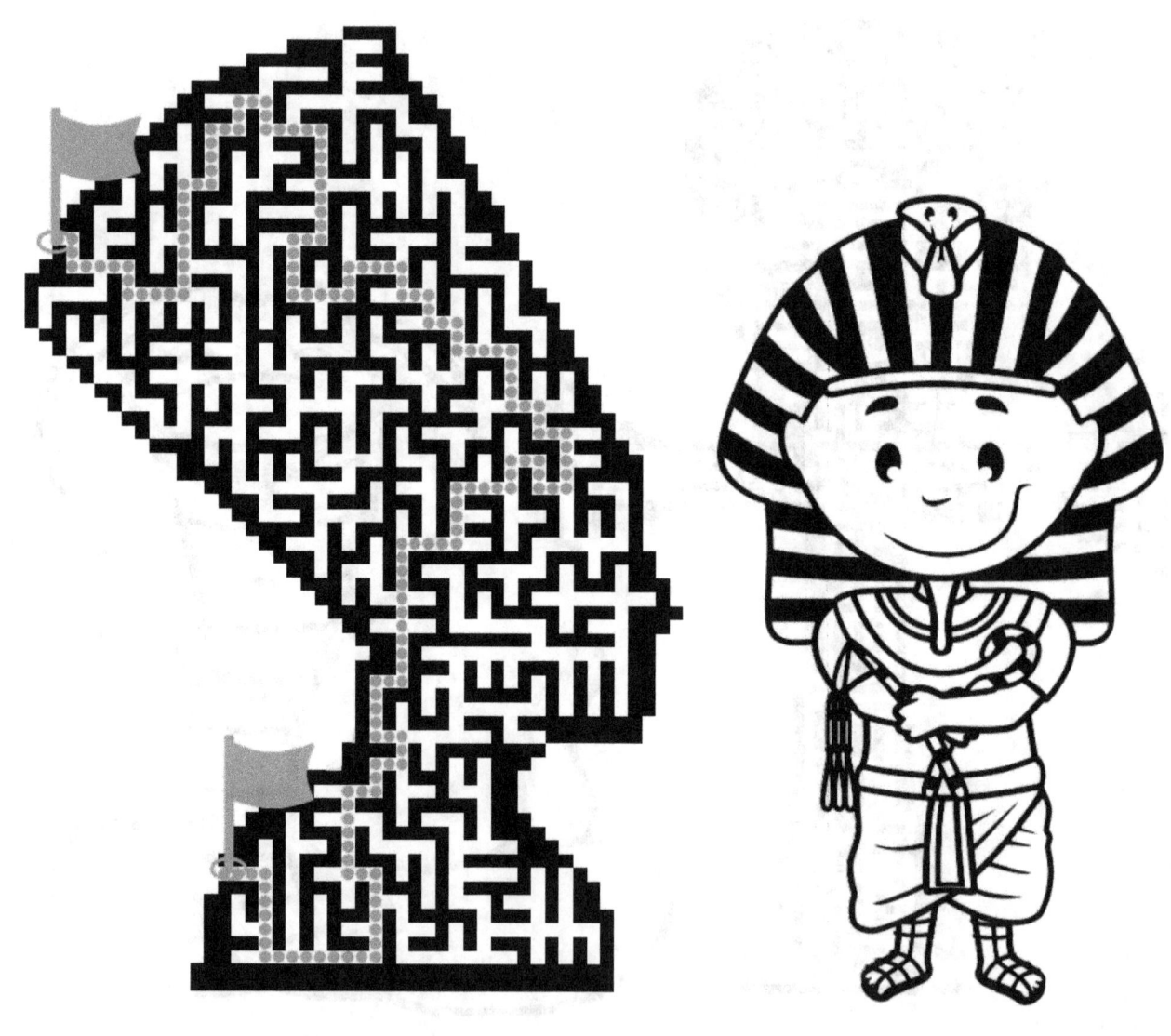

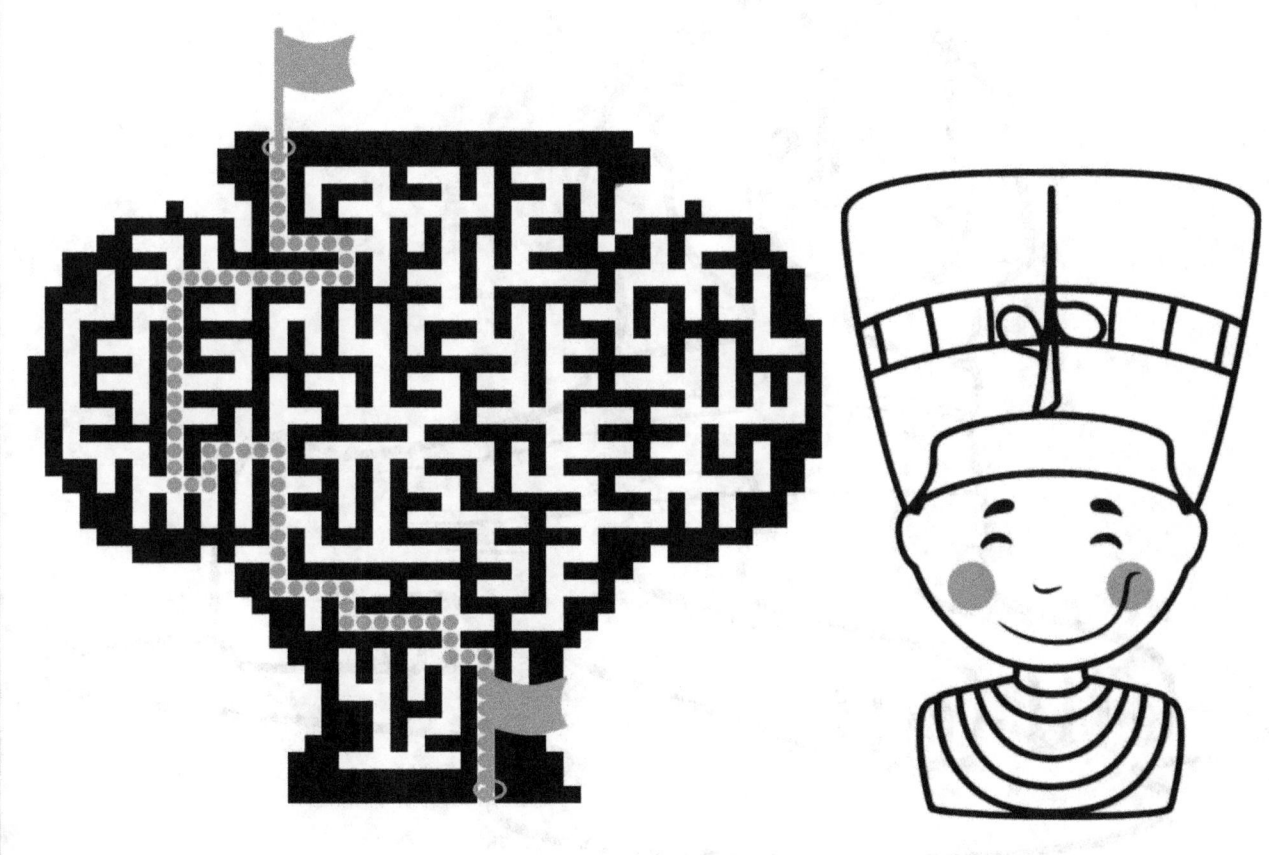

Odd one out

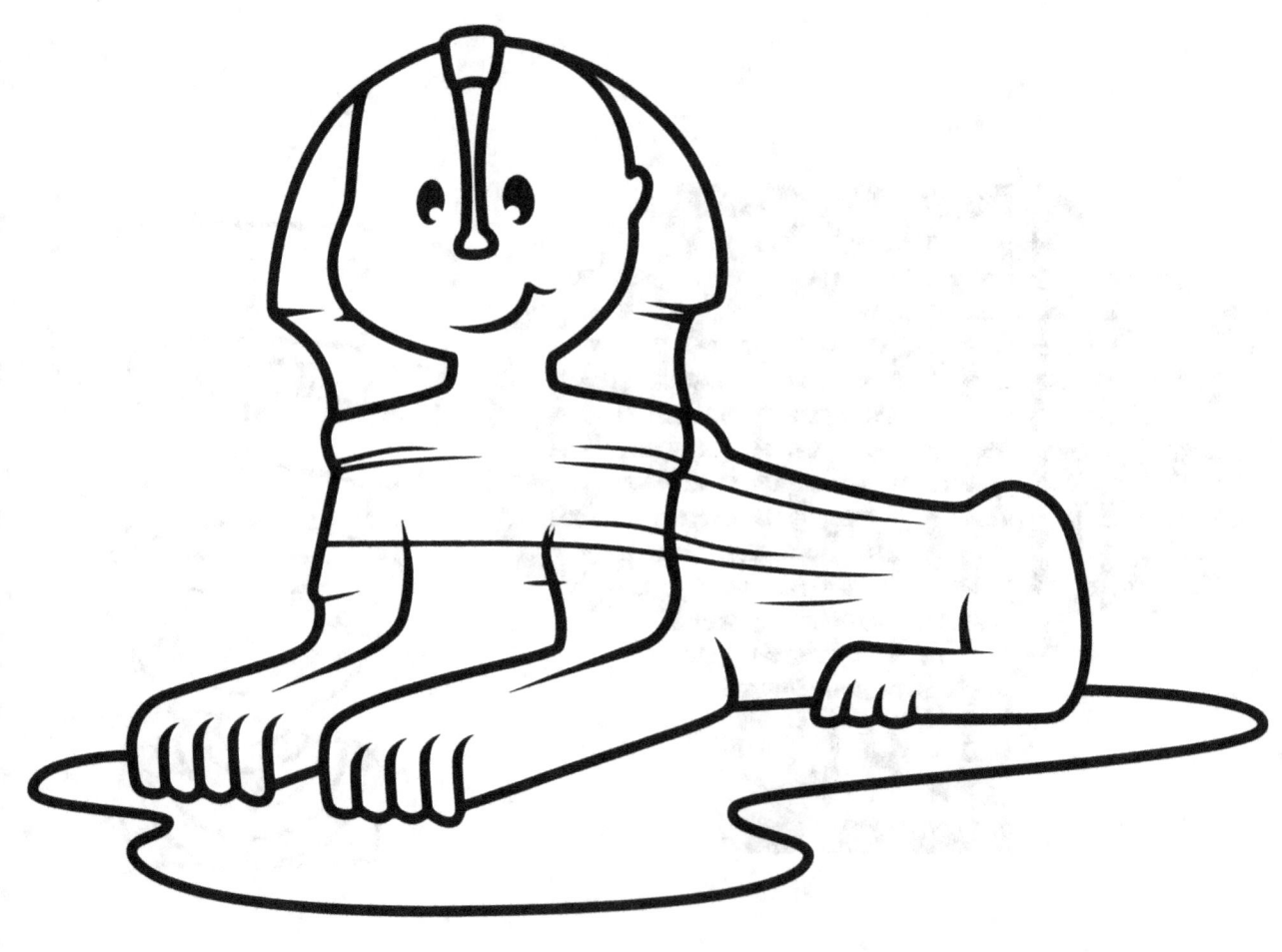

Solutions

Which image is the odd one out?

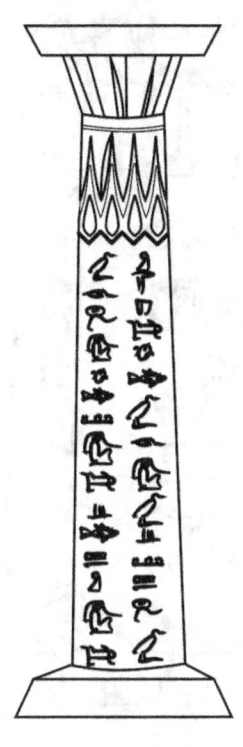
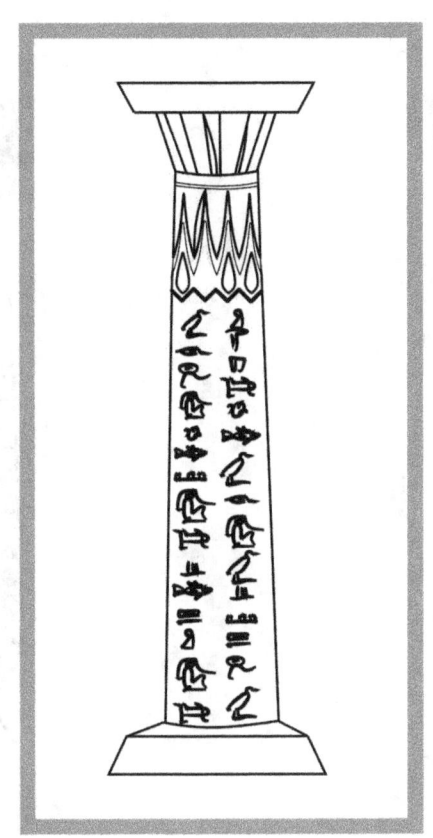
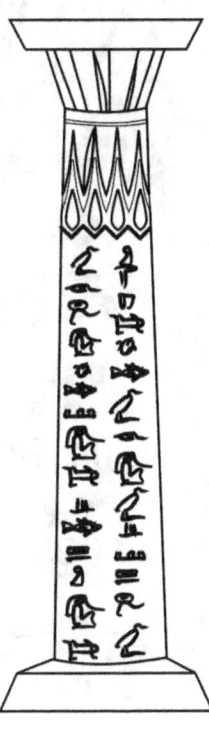
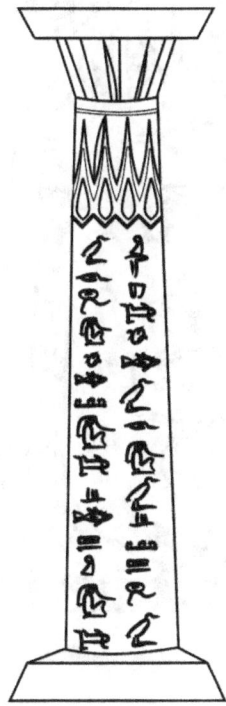
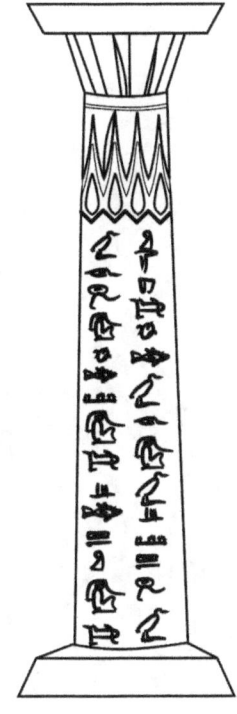
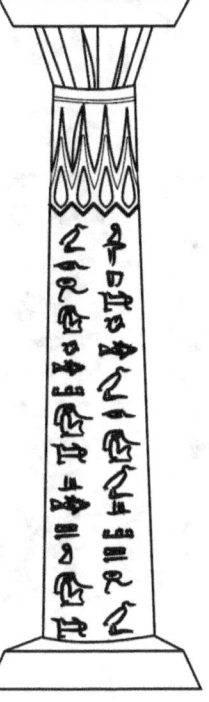

Which image is the odd one out?

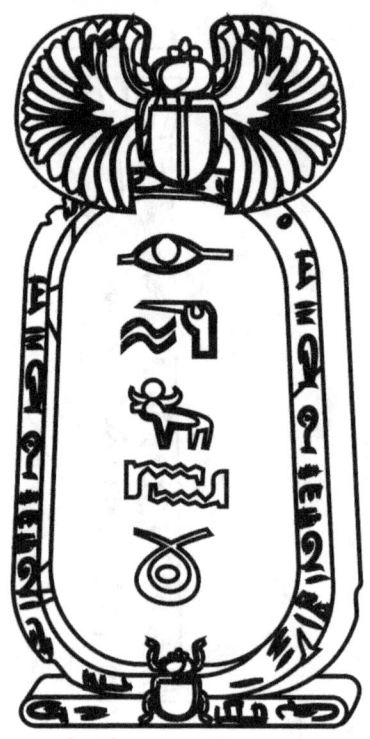
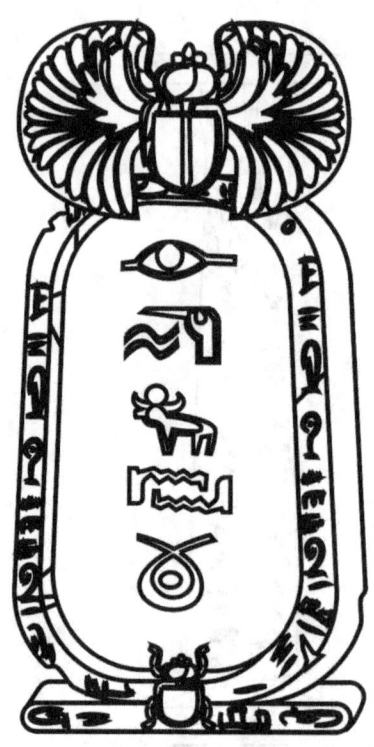
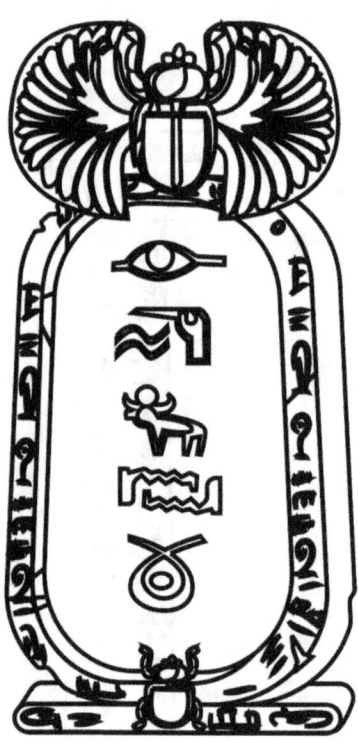
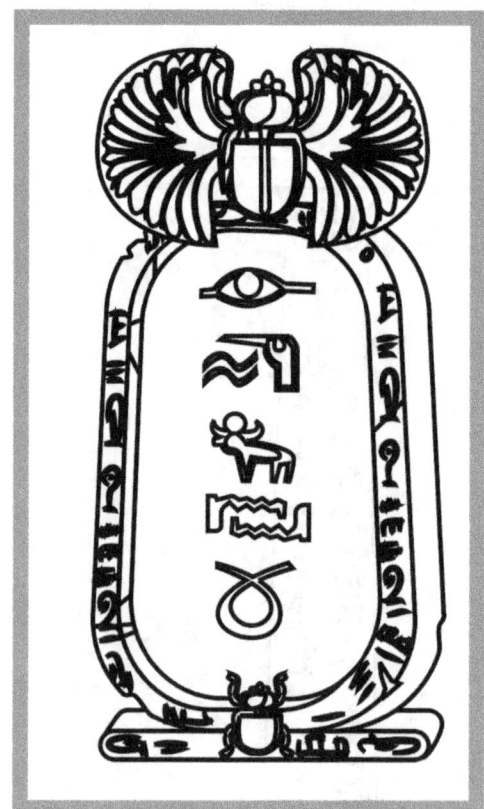

Which image is the odd one out?

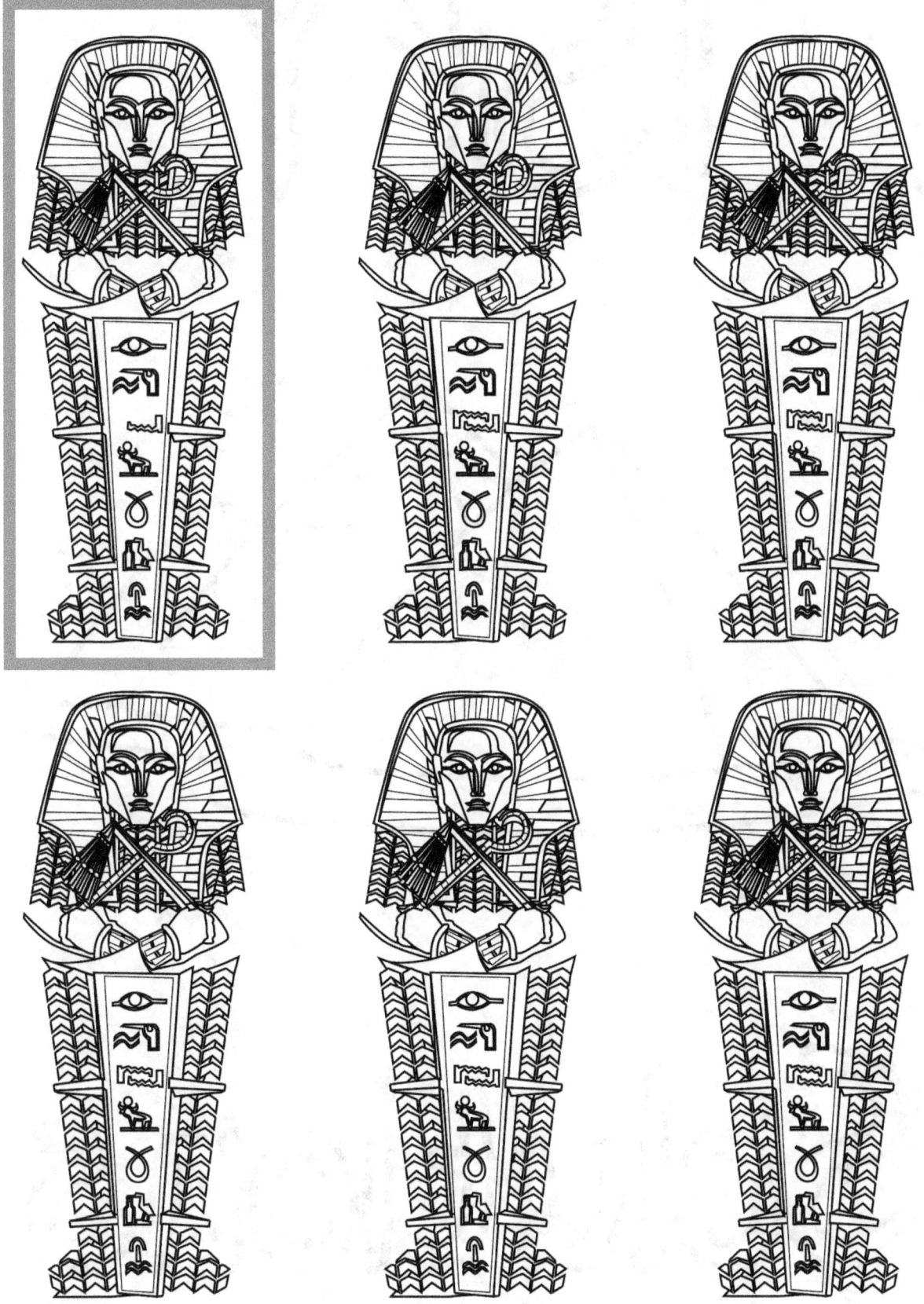

ISPY

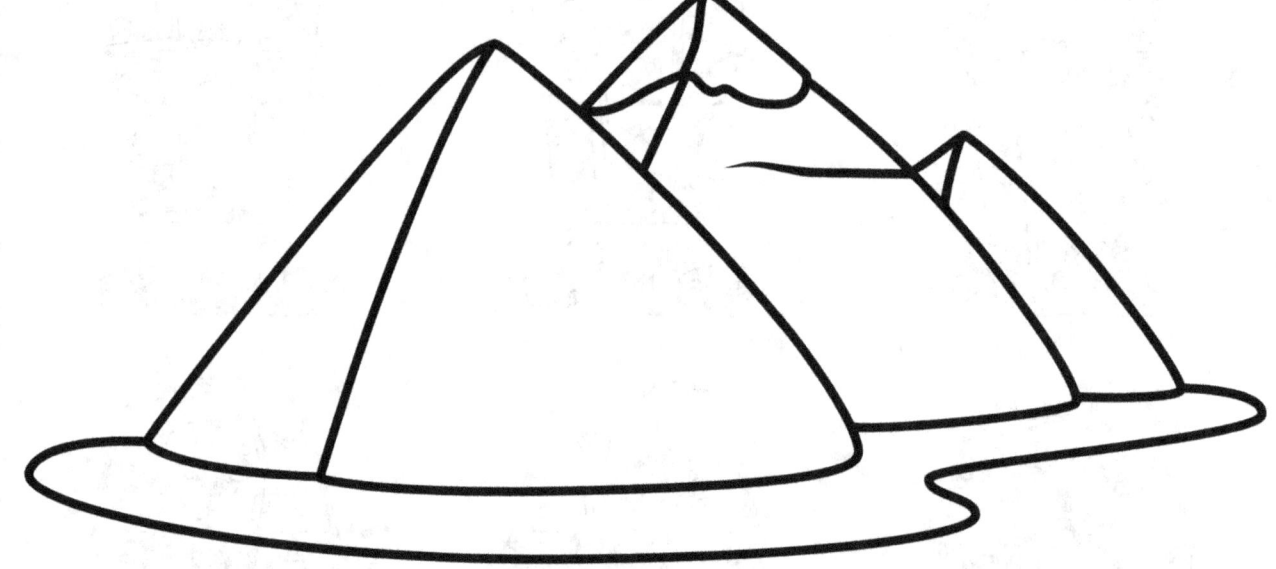

Solutions

ISPY

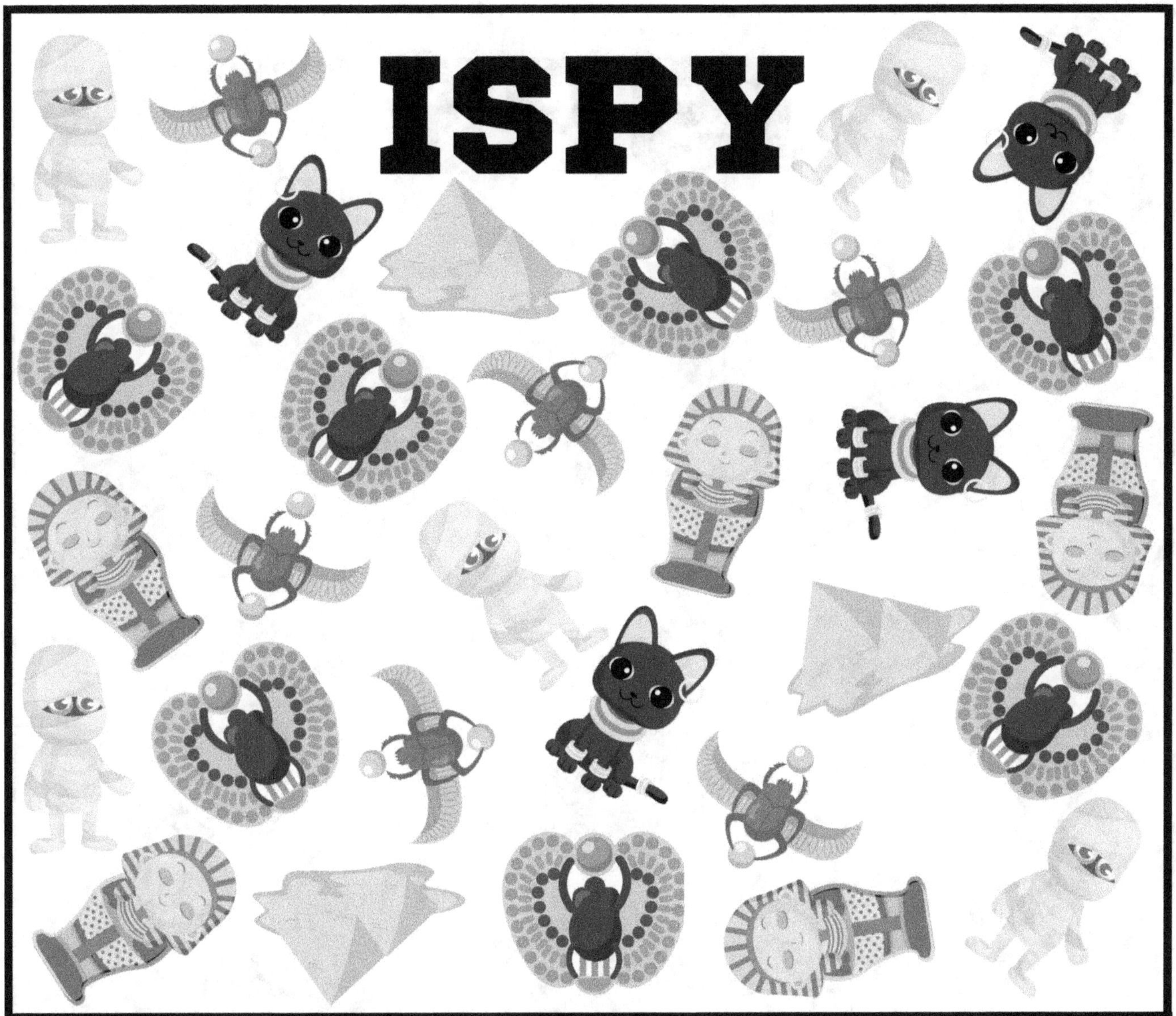

How many do you see?

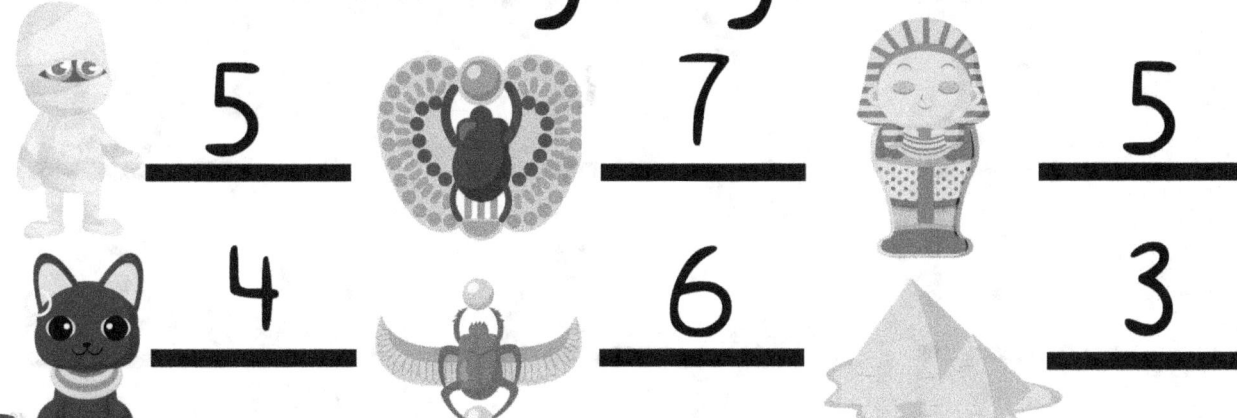

5   7   5

4   6   3

ISPY

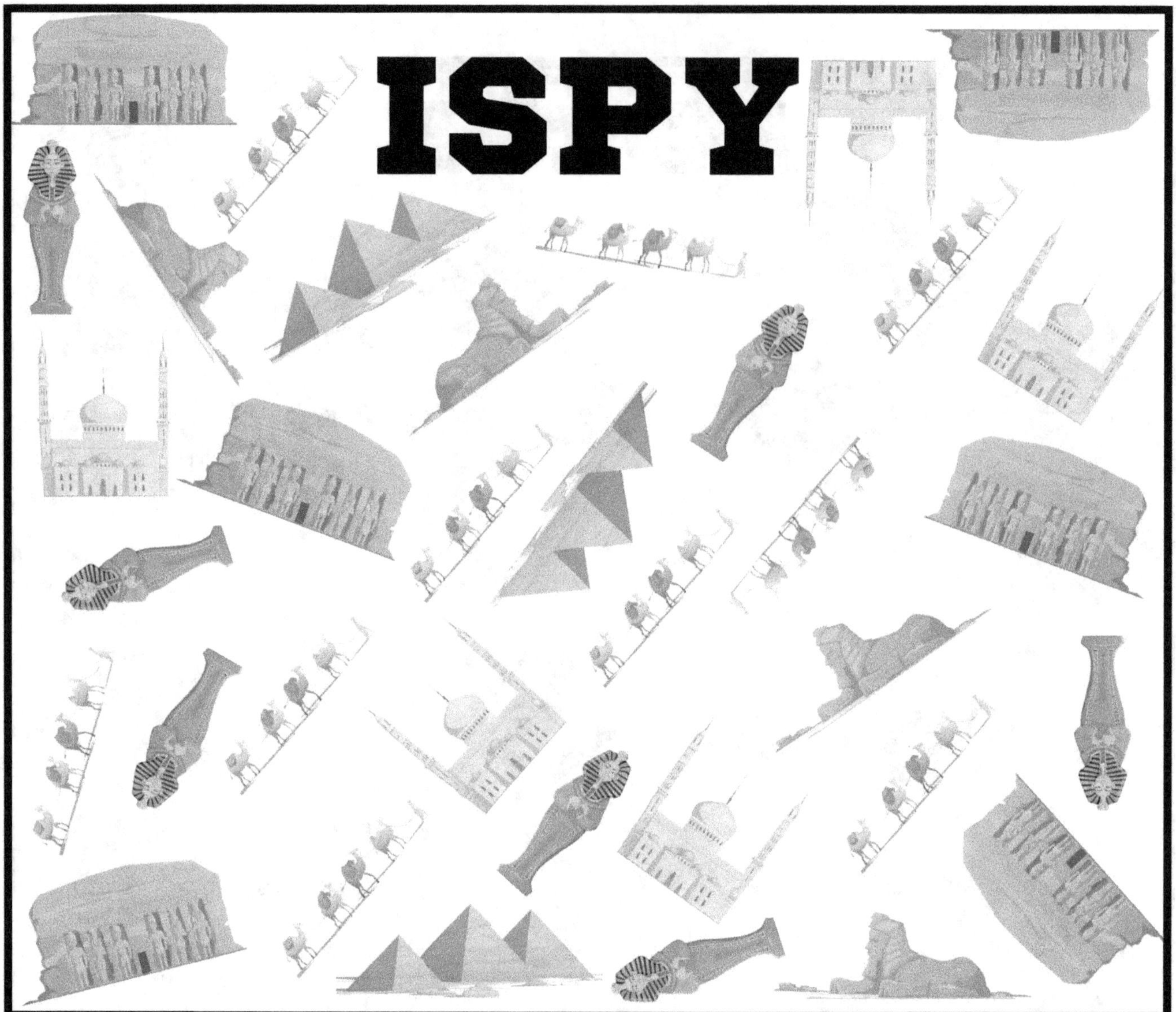

How many do you see?

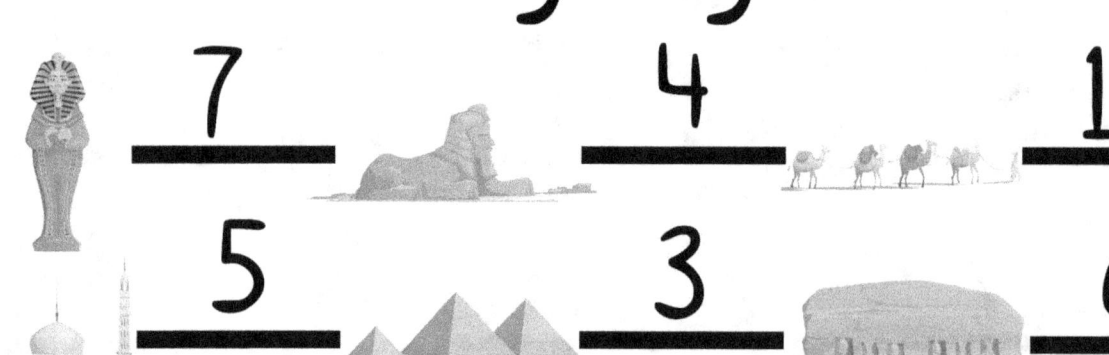

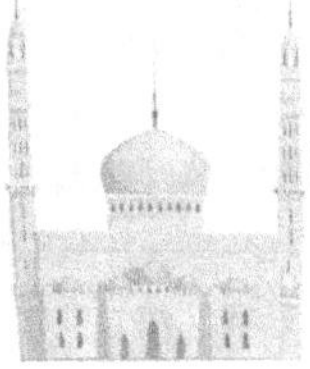

ISPY

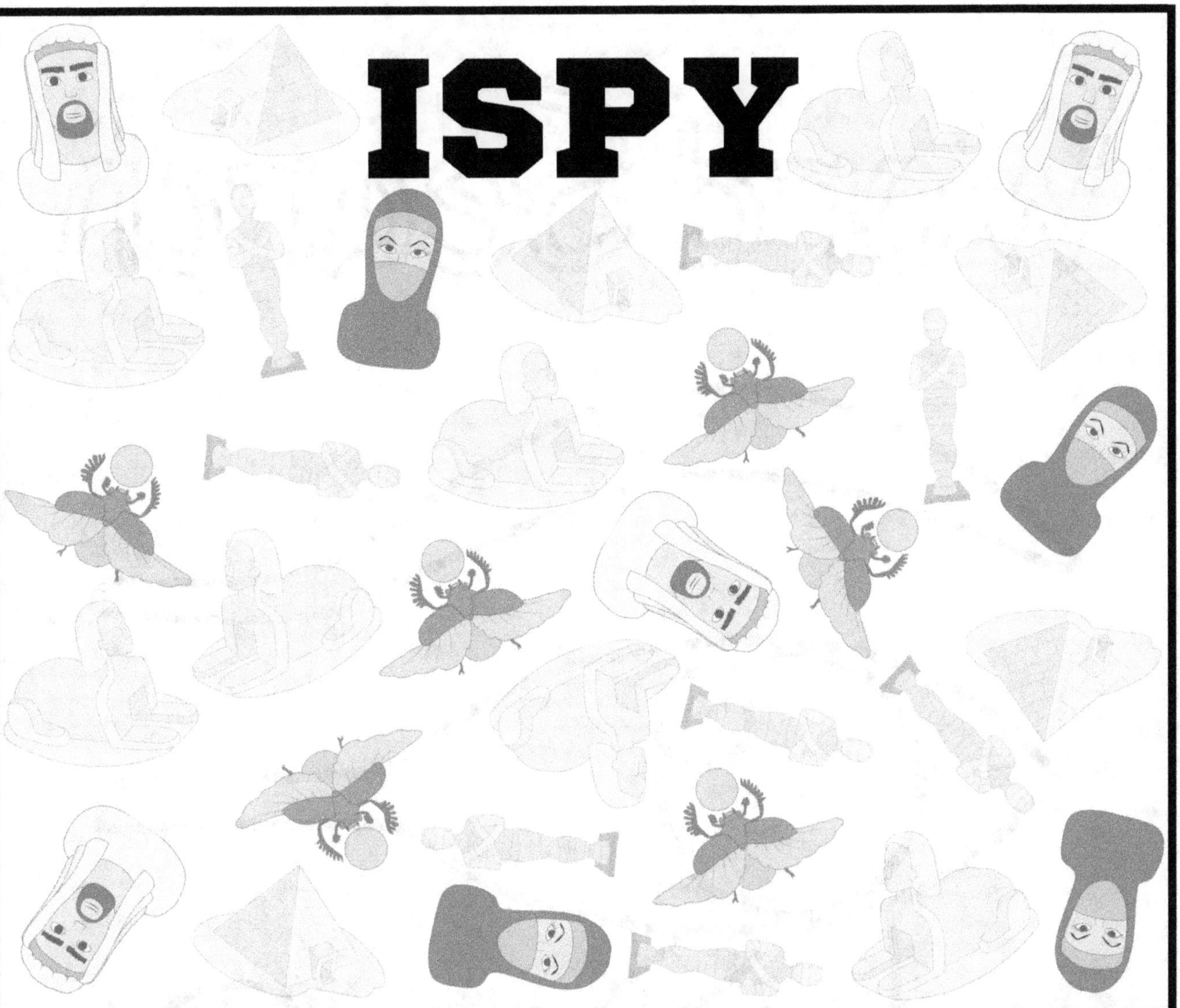

How many do you see?

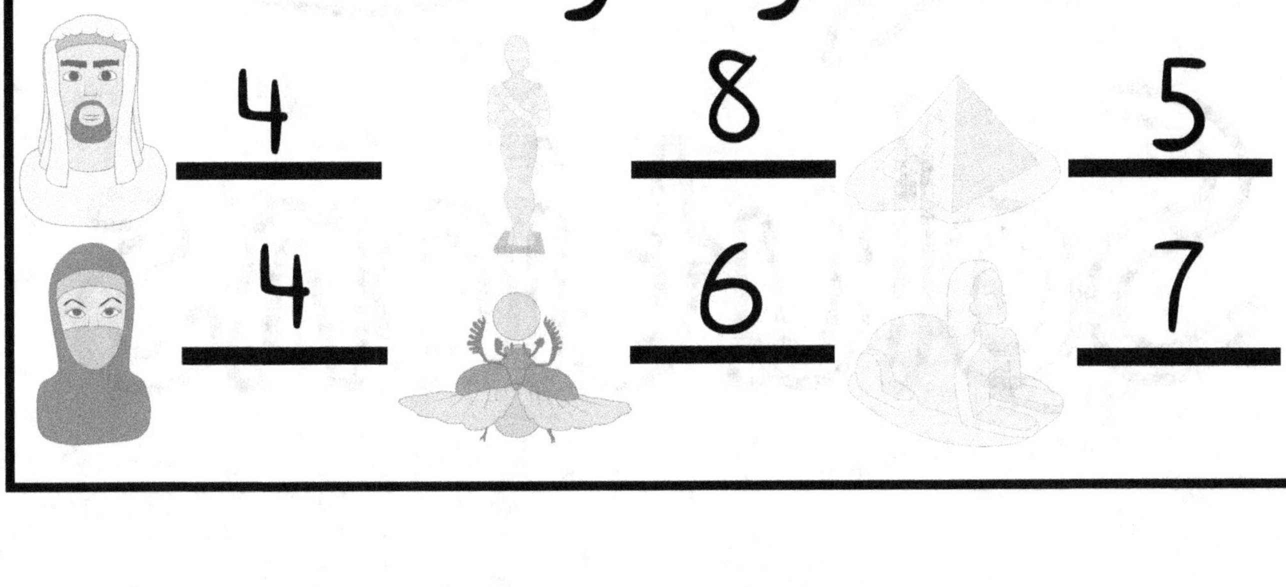

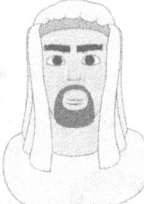 4

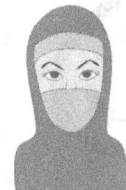 4

8

6

5

7

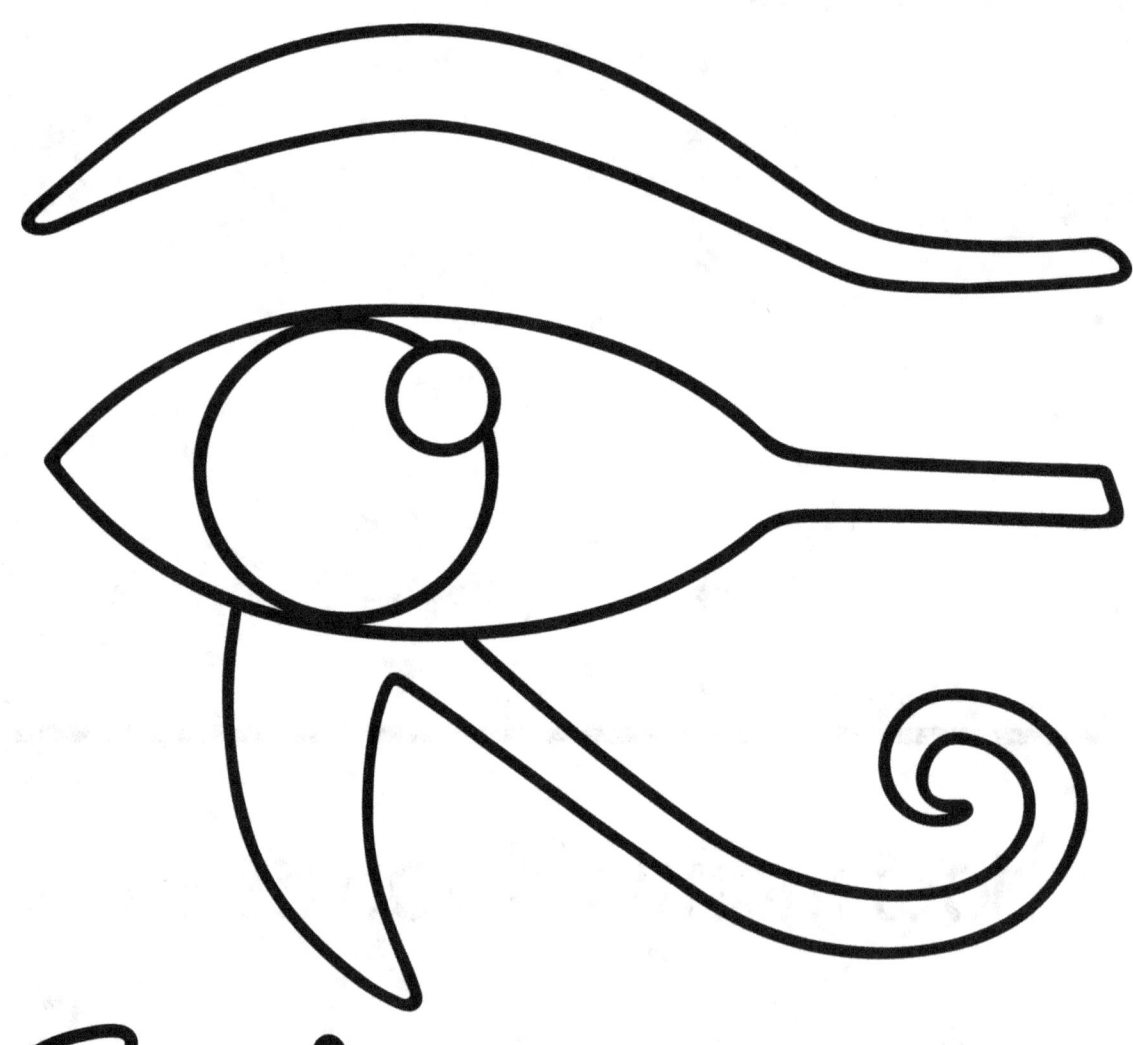

```
B H A W H S T Y C P Y U J N T R
Y R L T G T S B Y Z K J C V Y P
E C D E N I G Y L S G I Y D G W
U G M N K F N T P Y G E I H O B
V S Y L E P H A R A O H I K L X
P U O P O A I H D S I F D R O T
X J B A T A R D W A W X N F T X
V B S G W I G X M I M V W P P K
B V X E A R A O V E L I N J Y T
F B W B T U N M Z D O Z Q G O
Q B D C N O O T F B R N N E A
J C T E H B M W Q E F J U E N S
N X W D H D S G L E M B O K Q R
T W Q U A U L I T B I P Q L P O
H N R E Q K S B S A Z F L T W S
Y U X H K K P O W G Z E R E X R
```

```
C P B Y E K R M T I Z M Y C Y W
L W U N K X S Y U Y V O X N N B
E P I M K H E G P Q B Z U O W R
O J S G L B R X I O Q R W G U G
P F W P T Y A K V L W M D K Y C
A S S A U Y P U I M I F W X A D
T M M I T S I A J X C D T Q I B
R Y J R D V S Y P U U K O A L Z
A E L D U H W L D E C I U O C S
N X R N Y H N Q F A A B Y H
C A D A R I H J H E H I P A J P
B O A X N O I T A Z I L I V I C
J D T E W J Y E G Y P T I A N S
L J I L H I E R O G L Y P H I C
D D V A G W M U M M Y F U W Y G
N K C C O V N X Y V J P V E F O
```

```
E G Y P T I A N W R I T I N G G
O S Z X Q T A Q F N B F P I V Y
B H V R M E C Z N Y T M A R R G
B G L S K S E H B D O G K O S Y
D Y N E W K I N G D O M T N O H
P P S M F Y M L G F L S I G L Z
Z Y B U Z L U N Z A I A O H N X
E U R H M P I A O H N Z Y W I C
Q H B G F K X G T T C A L V U K
E F T Y D U F N I Y M D E D K L
P H F L L W E Q Z B I O V D J F
L A O G L I U C U M Q J E K N H
B E S A C E Z U A O O T P S C A
I V O N R Z B R H J M K H O S I
X G A K Y Z Y R A O O E W Z F G
M H Z H P P B K C D C P M K Q A
```

C	C	N	N	A	D	K	B	J	H	X	D	M	X	T	Y
Y	Z	I	O	I	H	B	P	I	H	J	Z	V	I	O	H
J	T	L	M	O	O	R	F	R	U	Q	V	Z	N	V	Y
D	D	H	M	D	X	S	D	F	N	S	T	G	I	Z	G
A	R	L	I	K	E	Z	T	P	J	A	U	I	H	V	A
I	Q	O	L	S	Y	O	O	L	C	R	W	F	P	C	T
K	U	V	M	X	W	C	M	V	I	U	T	O	S	P	H
Y	S	A	C	J	B	Y	B	V	Z	N	T	N	A	M	G
U	R	C	H	U	G	I	S	N	T	P	Y	N	G	B	O
R	C	F	A	D	E	R	Y	H	M	Q	U	I	S	I	S
W	H	Q	G	R	N	I	Y	O	K	B	V	I	W	I	X
F	I	H	K	R	A	A	D	N	I	V	K	Z	Z	C	A
J	K	L	W	D	B	B	S	S	T	O	P	F	J	Z	J
D	Q	F	Z	A	I	F	I	M	L	B	Y	U	F	V	S
O	I	M	L	T	Q	D	T	O	E	Q	H	C	F	E	G
T	J	I	W	B	W	O	D	K	O	Z	E	Y	X	M	S

```
A D K Q J B E B C I T X U G H Z
H M Z M A O Z U Z G Q U C T E R
C K F C Z K A B V J D Q V P A L
L F U T H C L D Y B E U H K J E
P R H O L L P U A Z S B C I C M
J I R Z T A L Q U O E I O F I A
A R M Z W Y K U N K R X F D Q C
I M L J I R R I G A T I O N K M
Q T U X Z C I D V K D R M G C V
T Q I L L F S Q N E F N O B J K
B P S T E J P A P Y R U S I U Y
L T P C R T B X F N U F C Y I S
D U W R P E F V R V D Z R H P V
F F M N X V F X R L X M G B T V
D B J J L T J E Y B C M K R J S
X H Z U H Y M T N M I O E N S W
```

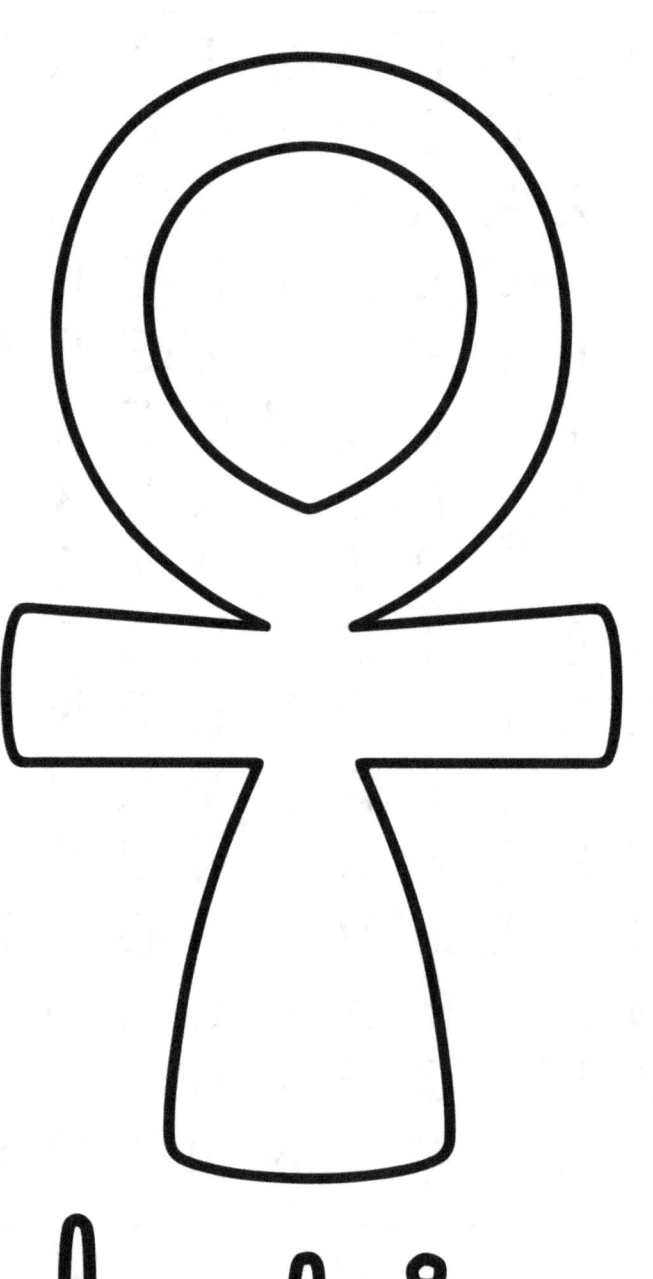

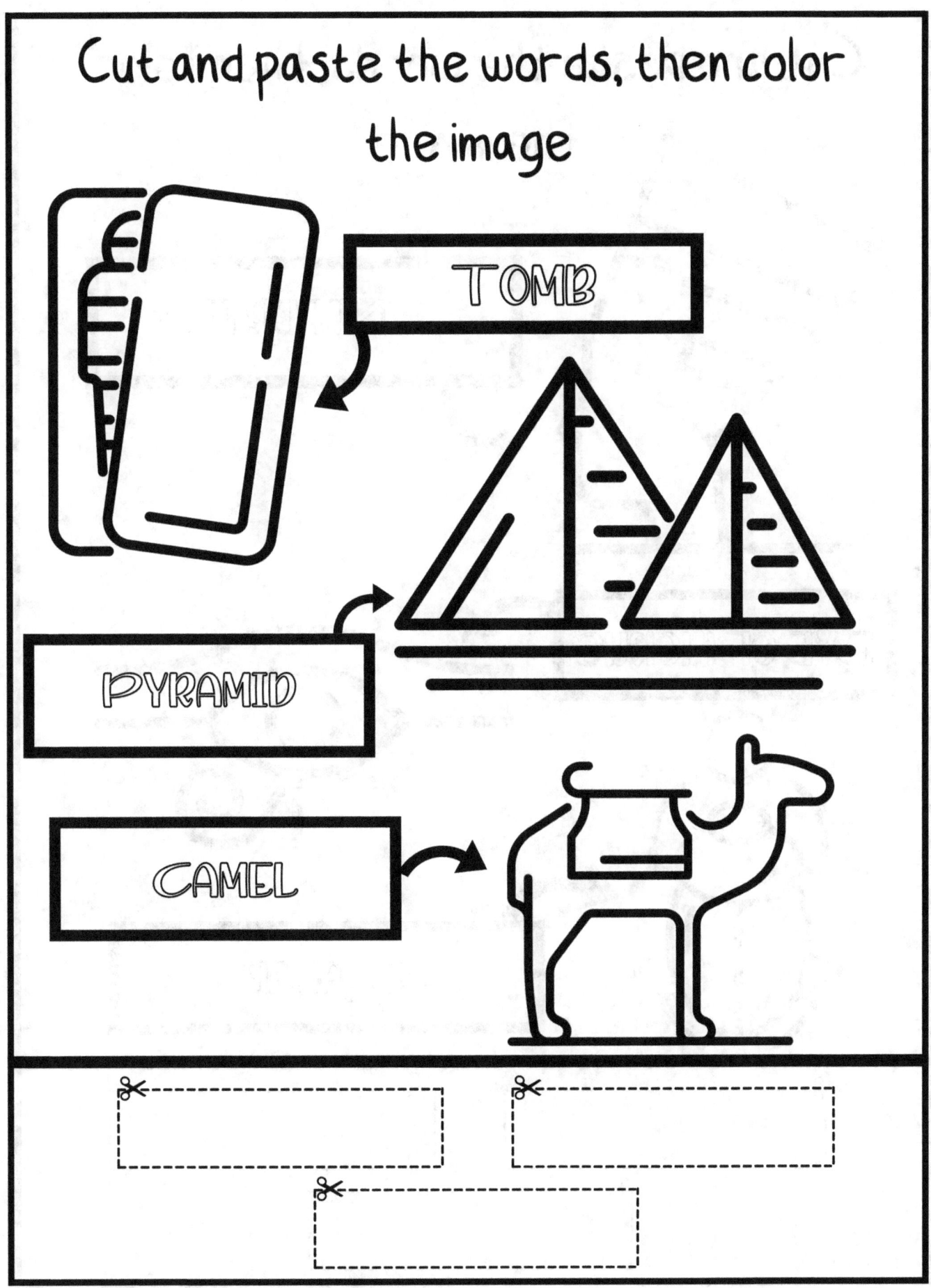

Cut and paste the words, then color the image

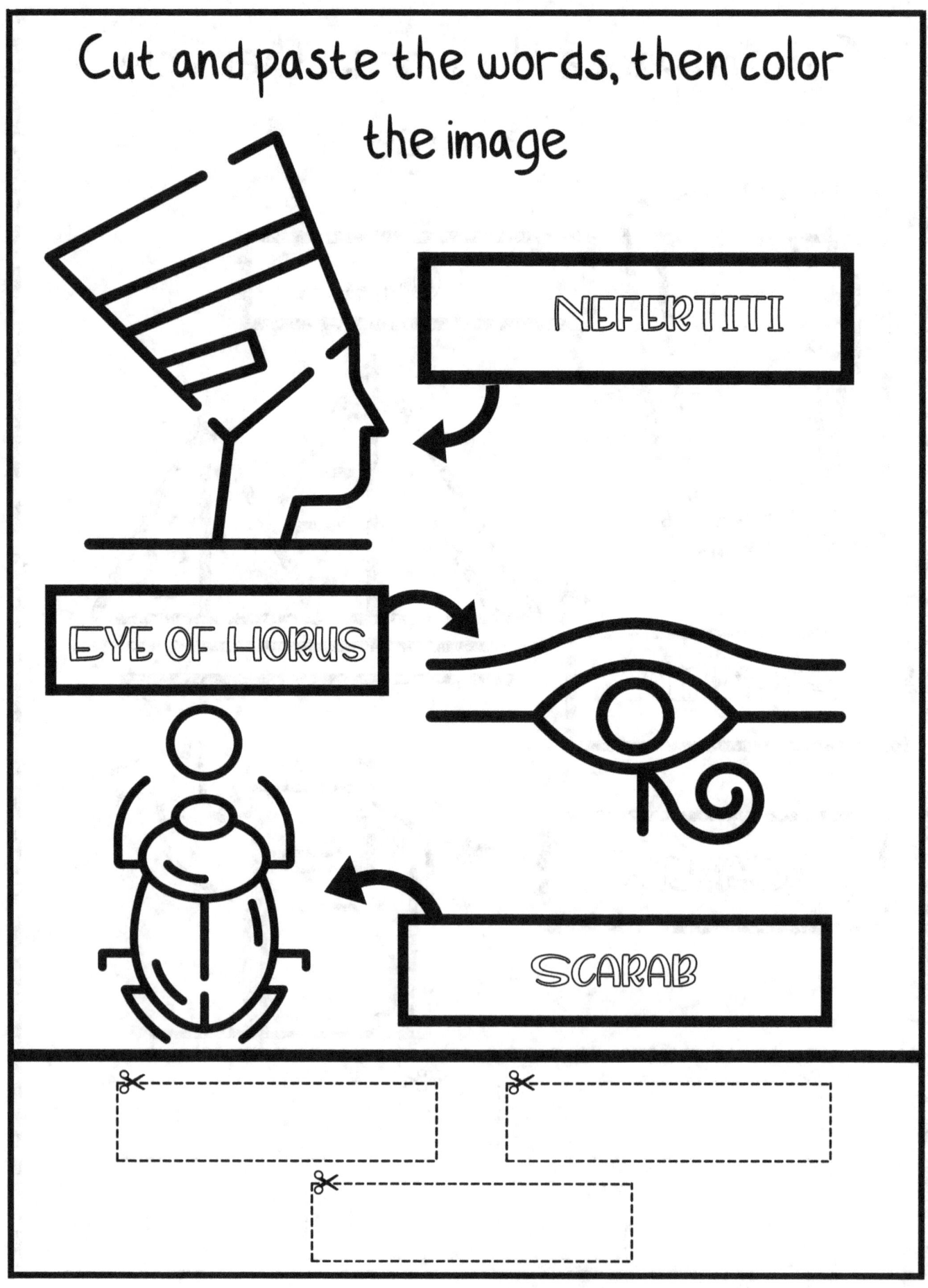

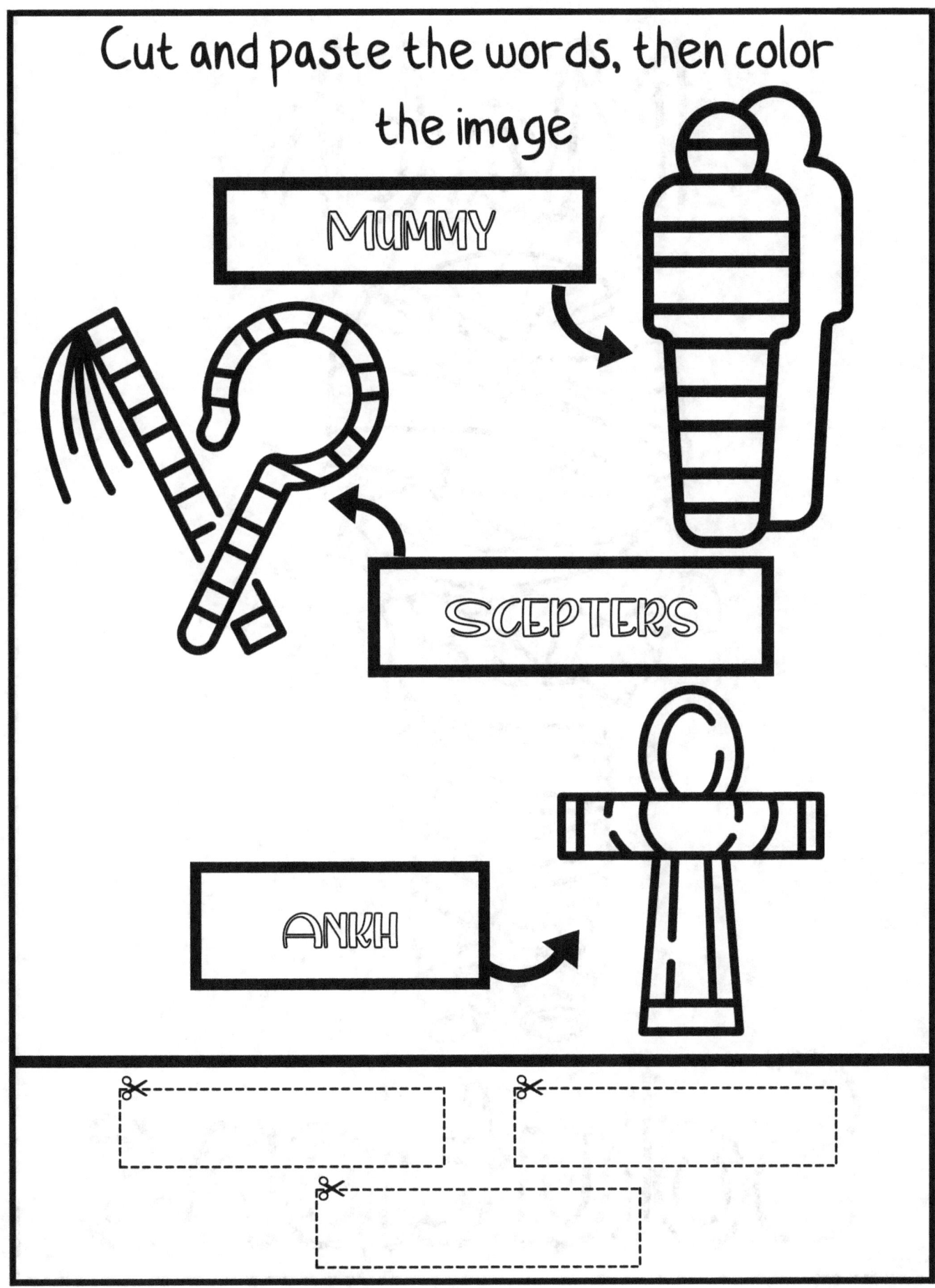

Math

Solutions

1) 9 + 7 = 16
2) 4 + 8 = 12
3) 9 + 7 = 16
4) 4 + 8 = 12
5) 1 + 2 = 3
6) 2 + 5 = 7
7) 8 + 4 = 12
8) 9 + 1 = 10
9) 7 + 8 = 15
10) 1 + 5 = 6
11) 9 + 3 = 12
12) 6 + 2 = 8
13) 9 + 6 = 15
14) 2 + 4 = 6
15) 8 + 1 = 9
16) 4 + 2 = 6
17) 5 + 7 = 12
18) 2 + 6 = 8
19) 8 + 5 = 13
20) 8 + 5 = 13
21) 1 + 1 = 2
22) 6 + 7 = 13
23) 7 + 8 = 15
24) 1 + 1 = 2

1) 1 + 8 = 9
2) 7 + 7 = 14
3) 8 + 9 = 17
4) 8 + 5 = 13
5) 1 + 9 = 10
6) 5 + 9 = 14
7) 1 + 5 = 6
8) 1 + 9 = 10
9) 2 + 3 = 5
10) 5 + 1 = 6
11) 7 + 7 = 14
12) 1 + 1 = 2
13) 6 + 4 = 10
14) 3 + 5 = 8
15) 2 + 7 = 9
16) 2 + 5 = 7
17) 2 + 2 = 4
18) 5 + 1 = 6
19) 5 + 6 = 11
20) 9 + 9 = 18
21) 8 + 2 = 10
22) 5 + 3 = 8
23) 7 + 4 = 11
24) 9 + 3 = 12

Set 1

1) 2 + 6 = 8
2) 3 + 9 = 12
3) 9 + 7 = 16
4) 6 + 2 = 8
5) 4 + 5 = 9
6) 7 + 3 = 10
7) 5 + 9 = 14
8) 8 + 1 = 9
9) 8 + 8 = 16
10) 1 + 1 = 2
11) 9 + 3 = 12
12) 8 + 9 = 17
13) 2 + 7 = 9
14) 3 + 8 = 11
15) 6 + 7 = 13
16) 9 + 5 = 14
17) 4 + 3 = 7
18) 1 + 8 = 9
19) 8 + 8 = 16
20) 5 + 7 = 12
21) 3 + 3 = 6
22) 6 + 3 = 9
23) 1 + 6 = 7
24) 9 + 6 = 15

Set 2

1) 4 + 2 = 6
2) 1 + 8 = 9
3) 5 + 5 = 10
4) 7 + 5 = 12
5) 5 + 7 = 12
6) 1 + 5 = 6
7) 2 + 3 = 5
8) 8 + 7 = 15
9) 5 + 3 = 8
10) 4 + 6 = 10
11) 2 + 5 = 7
12) 1 + 9 = 10
13) 1 + 6 = 7
14) 8 + 3 = 11
15) 3 + 8 = 11
16) 5 + 9 = 14
17) 1 + 1 = 2
18) 9 + 3 = 12
19) 9 + 1 = 10
20) 3 + 4 = 7
21) 6 + 5 = 11
22) 5 + 1 = 6
23) 8 + 6 = 14
24) 7 + 9 = 16

Set 1

1) 7 − [4] = 3
2) 5 − [4] = 1
3) 5 − [4] = 1
4) 2 − [2] = 0
5) 5 − [2] = 3
6) 9 − [6] = 3
7) 4 − [3] = 1
8) 9 − [8] = 1
9) 9 − [7] = 2
10) 1 − [1] = 0
11) 8 − [3] = 5
12) 8 − [8] = 0
13) 8 − [2] = 6
14) 6 − [6] = 0
15) 7 − [6] = 1
16) 4 − [1] = 3
17) 9 − [1] = 8
18) 7 − [7] = 0
19) 3 − [3] = 0
20) 9 − [3] = 6
21) 8 − [2] = 6
22) 9 − [5] = 4
23) 7 − [5] = 2
24) 4 − [2] = 2

Set 2

1) 7 − [7] = 0
2) 7 − [7] = 0
3) 9 − [3] = 6
4) 9 − [8] = 1
5) 2 − [2] = 0
6) 6 − [6] = 0
7) 5 − [2] = 3
8) 3 − [3] = 0
9) 7 − [4] = 3
10) 8 − [5] = 3
11) 9 − [8] = 1
12) 4 − [4] = 0
13) 6 − [5] = 1
14) 5 − [3] = 2
15) 4 − [4] = 0
16) 4 − [2] = 2
17) 4 − [2] = 2
18) 5 − [4] = 1
19) 2 − [1] = 1
20) 8 − [5] = 3
21) 9 − [7] = 2
22) 9 − [9] = 0
23) 6 − [5] = 1
24) 7 − [2] = 5

1) 6 − [6] = 0
2) 7 − [4] = 3
3) 7 − [5] = 2
4) 8 − [2] = 6
5) 4 − [1] = 3
6) 5 − [3] = 2
7) 5 − [3] = 2
8) 1 − [1] = 0
9) 9 − [8] = 1
10) 9 − [2] = 7
11) 9 − [6] = 3
12) 8 − [1] = 7
13) 9 − [9] = 0
14) 6 − [3] = 3
15) 3 − [3] = 0
16) 8 − [3] = 5
17) 7 − [7] = 0
18) 5 − [4] = 1
19) 4 − [2] = 2
20) 8 − [2] = 6
21) 4 − [1] = 3
22) 3 − [3] = 0
23) 8 − [4] = 4
24) 7 − [6] = 1

1) 4 − [1] = 3
2) 4 − [4] = 0
3) 8 − [5] = 3
4) 8 − [7] = 1
5) 7 − [3] = 4
6) 5 − [1] = 4
7) 5 − [1] = 4
8) 7 − [5] = 2
9) 6 − [1] = 5
10) 5 − [3] = 2
11) 8 − [5] = 3
12) 5 − [2] = 3
13) 4 − [1] = 3
14) 5 − [2] = 3
15) 5 − [3] = 2
16) 3 − [2] = 1
17) 5 − [4] = 1
18) 7 − [2] = 5
19) 9 − [1] = 8
20) 8 − [8] = 0
21) 8 − [2] = 6
22) 7 − [6] = 1
23) 5 − [5] = 0
24) 9 − [9] = 0

www.ingramcontent.com/pod-product-compliance
Lightning Source LLC
Chambersburg PA
CBHW080505220526
45465CB00006B/2377